図書館とICタグ

The Application
of
RFID Technology
to Library Service

清水隆、竹内比呂也、
山崎榮三郎、吉田直樹 共著

日本図書館協会

The application of RFID technology to library service

図書館とICタグ ／ 清水隆［ほか］共著. ‐ 東京 : 日本図書館協会, 2005. ‐ 124p ; 21cm. ‐ 共著：竹内比呂也, 山崎榮三郎, 吉田直樹. ‐ ISBN4-8204-0519-5

t1. トショカン ト アイシー タグ   a1. シミズ, タカシ   a2. タケウチ, ヒロヤ   a3. ヤマザキ, エイザブロウ   a4. ヨシダ, ナオキ   s1. ICタグ   s2. 図書館機械化   ①013.8

目次 Contents

Chapter 1　IC タグとは　5

はじめに　5

IC タグとは　6

図書館向け IC タグの種類　8

バーコードとの比較　9

IC タグの特徴　11

IC タグの構造　13

IC タグと使用周波数　14

IC タグのサイズと性能　15

IC タグの伝送方式　18

IC タグ活用の経緯と現状　20

あらゆる分野での活用が期待されている IC タグ　21

図書館で、なぜ、IC タグは普及し始めたのか　23

IC タグシステム導入コスト　26

IC タグ導入にあたっての検討項目と検討ポイント　30

購入業者の検討と対応　32

Chapter 2　図書館に IC タグを導入したら　35

機能と導入メリット　35

導入 FAQ　42

笠間市立図書館の導入事例　50

導入に適した図書館　62

各館の導入事例　　63
　導入事例1　九州大学附属図書館筑紫分館におけるICタグシステム導入－実験・運用経験からのアドバイス　　63
　導入事例2　さいたま市桜図書館　　68
　導入事例3　佐倉市立図書館　　72
　導入事例4　(財)吉田秀雄記念事業財団アド・ミュージアム東京広告図書館　　75

Chapter 3　図書館とICタグのこれから　　35

なぜ今、注目されている？　　81
「電子タグ実証実験」とは？　　85
出版界でのICタグは？　　88
UHF帯のICタグをどう考える？　　95
図書館の位置付けは？　　99
図書館への導入で不安な点は？　　103
図書館共通識別コード　　111

おわりに　117

図書館とICタグに関する文献リスト　119

索引　123

Chapter 1　IC タグとは

はじめに

　今、IC タグ（電子タグ、無線 IC、RF タグ、RFID タグ（RFID とは Radio Frequency IDentification の頭文字）、IC ラベル、IC チップ、マイクロチップ、電子荷札等々、多くの呼称が使われています）に対して熱い眼差しが注がれていることは、テレビ、新聞、雑誌、各種セミナー等で頻繁に取り上げられているので、皆さんもお気づきでしょう。

　実は図書館界は、この IC タグの実用化に関してはわが国で最も先を行く業界なのです。本書は、これから図書館で IC タグの導入を検討しようとしている皆さんに、そのために必要な基本的な知識と検討のポイントを具体的に示すと同時に、図書館界以外の方々に対しても図書館で IC タグがどのように使われているかを示すことを目的としています。ただし、本書はあくまでも「図書館」という場に限定した入門書ですので、IC タグそのものについての技術的記述やその他の業界での活用例についてはあまり触れていません。

　なお IC タグの呼称については、JIS では RF タグと規定されています。従って日本自動認識システム協会メンバーや一部専門家は RF タグと称していますが、それぞれの人が持つイメージがあって、実際にはさまざまな呼ばれ方をしています。本書では、一般に最もなじみがあると思われる IC タグで原則的には統一していることをお断りしておきます。

IC タグとは

　IC タグの動作原理は図1に示すとおりです。発信機（以下「リーダ／ライタ」と表現します）と呼ばれる装置から電波を出し、IC タグ側のアンテナで電気エネルギーを受信、そのエネルギーで起電をし、IC チップ内に記録されている情報の読み書きを行うというものです。詳細は後述しますが、IC タグは情報を記録できる IC チップ（半導体集積回路）と電波受発信をするアンテナとで構成されています。電波による情報のやり取りをするという観点から見れば一種の無線通信システムであり、IC チップを持つことから一種の情報処理システムと見なすこともできます。

　IC タグ側にエネルギー源を持たないタイプのタグはパッシブタグと呼ばれています。IC タグにはエネルギー（電池）源を持ち、自ら起電をして IC チップ内情報を発信するものがあり、これはアクティブタグと呼ばれています。

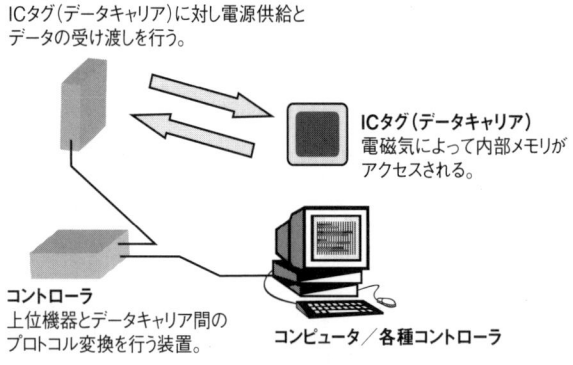

図1　IC タグシステムの基本構成

▶ Chapter 1 IC タグとは

　ICタグの必要条件とは、携帯容易な大きさであること、情報を電子回路に記憶できること、非接触通信により交信できることの3点であると言われています。形態的には、カード形状の非接触ICカードと任意形状の非接触ICタグとがあります。カード形状のものにはよく知られている定期券、あるいは銀行カードがあり、今後パスポートや免許証もIC化されていく予定となっています。すでにさまざまな形状のICタグが市場に出回っており、必要に応じてカスタマイズできるようになっています（表1参照）。

表1　ICタグの形状（形状・寸法・用途による分類）

形状	サイズ	想定される用途
円板形	数mm～数十mmの円板形状	・衣類等の管理 ・レジャー用リストタグ ・装置への埋め込み用
円筒形	数mm～数十mmの円筒形状	・動物管理 ・パレット管理
ラベル形	数mm～数十mmの薄い形状	・POS精算用商品タグ ・書類管理／荷物管理 ・図書館での利用
カード形	85×54×数mm程度のカード形状	・乗車券、定期券 ・テレホンカード ・入退場管理IDカード
箱形	50×50×10mm程度の箱形状	・ファクトリーオートメーション ・車両管理 ・コンテナ管理

図書館向け IC タグの種類

　図書館向け IC タグは写真1のとおりです。書籍用、CD/DVD 用、ビデオテープ用が開発されています。最近では IC チップ破損を少なくするためにチップ上に防護膜を施している IC タグも登場しています。

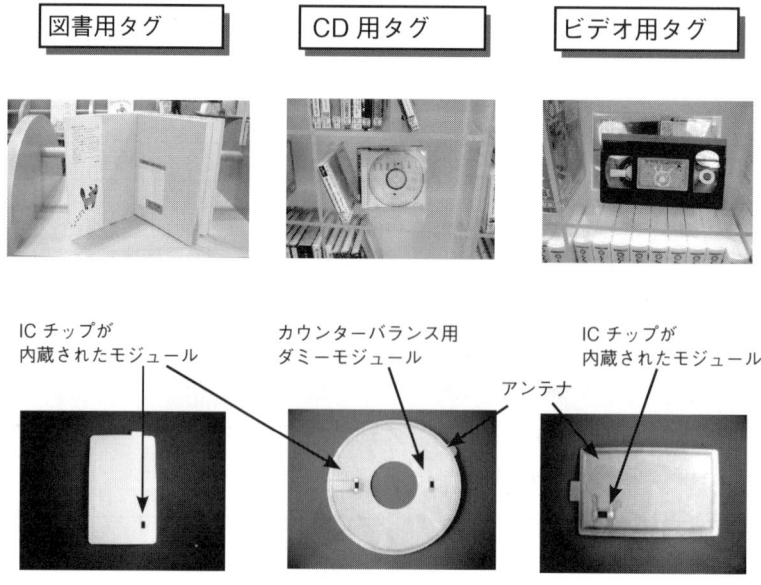

写真1　図書館向け IC タグの種類

▶ Chapter 1 ICタグとは

バーコードとの比較

　ICタグとバーコード、二次元バーコードを比較してみましょう。バーコードと比較すると、まず扱うことができる情報量に大きな差があります。ICチップにはいくつかの種類がありますが、少ないものでも64バイト、多いものでは2キロバイト以上の記憶容量を持っています。

表2　バーコードとの比較

項目	ICタグ	バーコード	二次元バーコード
情報量	数千桁	数十桁	～2000桁
書き換え	可能	不可	不可
大きさ	比較的大きい	小さい	きわめて小さい
耐環境性	強い	きわめて弱い	ある程度強い
複数同時読み取り	可能	不可	不可
スキャナとの対向	指向性なし	指向性あり	指向性あり
金属の影響	あり	なし	なし
読み取り距離	10cm～数m	10cm程度	10cm程度
コスト	高い	安い	安い
文字種	英数字、カナ漢字	数字、英字・記号	英数字、カナ漢字

　記録内容の書き換えができる点もICタグの大きな特徴です。この特徴を生かし、図書館での貸出・返却時にICチップ内情報を書き換えて、貸出処理されていない本については出口のゲートで反応するという連動が可能となっています。

また、バーコード、あるいは二次元バーコードの場合は印刷された部分にスキャナを当てないと読み取りができませんが、ICタグの場合は、タグ面とリーダ／ライタが向き合わなくても読み取りが可能であり、さらに複数同時読み取りも可能です。またICタグは対環境性に優れており、タグ面が汚れていても読み取りに影響は与えません。このような点を活かして、今までバーコードでは対応できなかった、あるいは対応しにくかったさまざまな分野で利用が検討されています。

▶ Chapter 1 ICタグとは

ICタグの特徴

ICタグの特徴は以下のようにまとめることができます。

1. 非接触である

　電波を発するリーダ／ライタとICタグとのやり取りは非接触で行うため、リーダ／ライタには機械的磨耗が生じません。したがって磨耗による機械的故障がなくなりシステムの安定性が増します。

2. 透過性がある

　リーダ／ライタとICタグが直接対向せず、その間に何らかの障害物があっても通信できます。それゆえ定期入れの中に入れた定期券で改札機を通るとか、本の内側に貼付したICタグを読み取るとかが可能となったわけです。しかし金属製の遮蔽物がある場合には通信できません。

3. 複数同時読み取りができる

　リーダ／ライタから発信された電波エリア内であれば、リーダ／ライタはその部分を通過する、あるいは位置するICタグと交信でき、しかも同時に複数のICタグに記録されている情報の読み取りが可能です。周波数、電波出力の強さ、運用方法によって、同時読み取り可能な数が変化します。

4. ICチップ内情報の書き換えができる

　1回書き込んだら後で上書き／追記できないタイプのタグもありますが、大半のICタグではICチップ内に記録された情報の書き換えが可能です。しかし書き換え可能ということは、第三者によるデータ改竄の可能性があることを意味します。したがって何らかのデータ保

11◀

護のための対策が必要となります。

5. 個体識別ができる

　従来さまざまな商品に、図書にISBNが付与されてきたように、商品コードが付与されてきましたが、これでは個体識別ができませんでした。ICタグはタグごとにユニークコードを持つことになりますから、完全な個体識別が可能となります。すなわち、同じタイトルの本でも1冊1冊を別のものとして認識できるようになるということです。

6. 汚れ等の対環境性に優れる

　バーコード等は油などによるにじみ、表面の汚れ、あるいは捻れがあると読み取りできなくなりますが、ICタグは使うシーン、貼付対象物を意識した上で封止加工をすることにより対環境性を高めたものにすることが可能です。

7. リーダ／ライタからエネルギーを得るために電池寿命を考慮しなくてよい

　パッシブ型のICタグでは、リーダ／ライタから電波によって必要なエネルギーを発生させるので、ICタグ自体にはエネルギー源を持ちません。したがって電池寿命を考慮する必要がありません（電池を持つアクティブタグもありますが、これについては電池寿命を考慮した上での使い方となります）。

8. ICタグが移動しながらでも読み書きができる

　ICタグは移動しながらでも読み書きができますから、物流現場での処理やゲートでの処理が期待されています。図書館の出入口のゲートで正規の手続きを経ずに持ち出されようとする資料をチェックできるのは、この機能を生かしているからです。

9. 小型・薄型である

▶ Chapter 1 IC タグとは

ICチップそのものはμ（ミュー）チップのように0.3mm角のサイズにまで小さくなっています。また、チップそのものの薄さも本の中に貼付しても気にならなくなるほどのものが商品化されています。

ICタグには上記のような特徴があり、バーコードでは対応できなかった、あるいはできにくかったことが可能になってきたと言えます。その一方、ICタグにもタグなりの特性があり課題もあります。これについては後述します。

IC タグの構造

ICタグは図2に示すように、用途に応じて封止・保護する部分とICタグの機能を持ったインレットで構成されます。インレットは無線通信するためのアンテナ部分と情報を記録できるICチップとでできています。どのような部材を使うかによってコストが左右されます。また、いずれ産業廃棄物処理という問題も出てくることが予想されます。

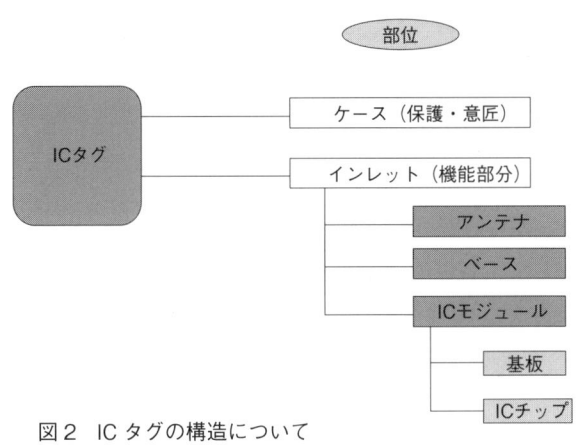

図2　IC タグの構造について

IC タグと使用周波数

　IC タグシステムは電波を使うので使用周波数の影響を受けます。現在 IC タグに使われている周波数にはいくつかの種類（135KHz、13.56MHz、953MHz、2.45GHz、5.8GHz）があります。日本国内で認められている使用周波数と代表的な使われ方は下図のとおりです（KHz はキロヘルツの略で 1000 ヘルツ、MHz はメガヘルツで 100 万ヘルツ、GHz はギガヘルツで 10 億ヘルツの意味です。）

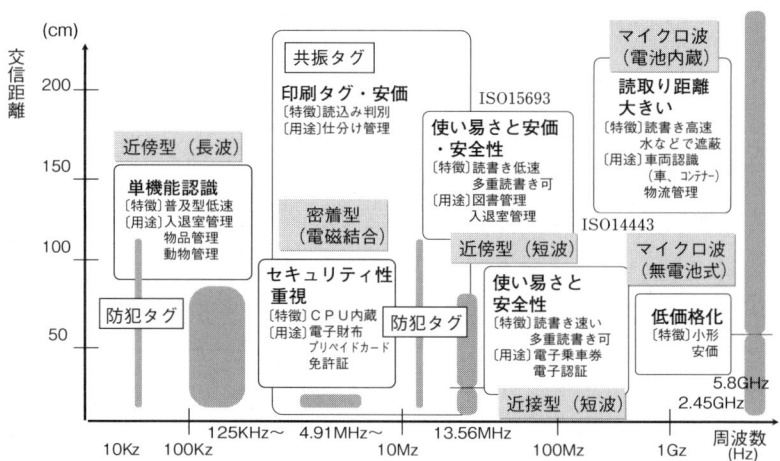

図3　使用周波数と使われ方

　2005 年になり、長距離通信に特徴がある UHF 帯（Ultra High Frequency の頭文字、極超短波）も IC タグシステムで使えるようになりました。日本の場合には携帯電話の普及が進んだために，IC タグに割り当てられたのは 952MHz ～ 954MHz の狭帯域となりました。国内での UHF 帯での周波数割り当て状況は下記の図 4 のようになっています。

▶ Chapter 1 IC タグとは

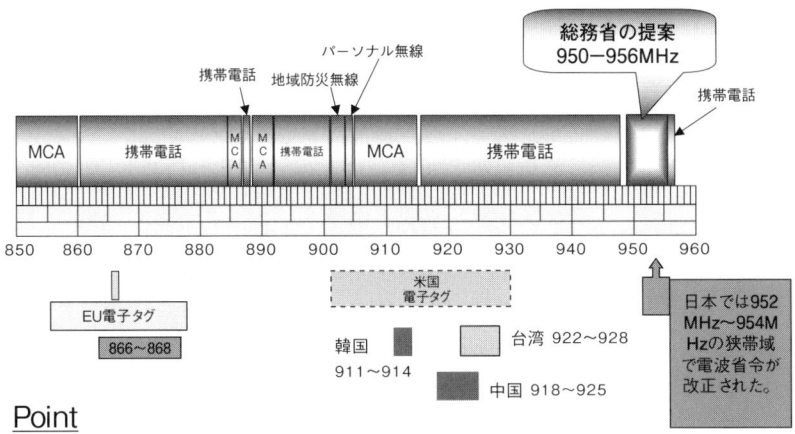

Point
★ 800-900MHz帯　携帯ユーザー数（携帯ユーザー数　8300万　H16.7現在）
★ MCAユーザー数（MCR：45万 JSMR：22万 ※1.5GHz帯ユーザー含む）
★ パーソナル無線ユーザー数　87,500（免許数）

図4　UHF帯周波数割り当て状況

ICタグのサイズと性能

　周波数によって、通信の際に最も効率的に送受信できるタグアンテナの大きさが規定されます。さらにタグアンテナの大きさがタグの大きさを規定することになります。また、電波法ではリーダ／ライタからの出力値（ワット数）の規制をしています。したがって、ICタグの読み取り性能を規定するタグアンテナの大きさは周波数と電波法、さらには人体防護指針（総務省で電波から人体の安全を確保するため、設けられている電波基準のガイドライン）を考慮して設計されています。
　リーダ／ライタのアンテナとタグのアンテナサイズは、先に述べたように周波数を意識する必要がありますが、一般的には大きくなればなる

ほど通信距離は長くなります。図書館界には、なるべく小さなサイズのICタグを期待する声があります。確かにICタグは小さいほうが運用上使いやすいと思われますが、その一方、性能の制約を受けることになります。貸出カウンタや自動貸出機だけでの運用であればICタグのサイズを小さくすることは可能ですが、セキュリティゲートでの複数の本あるいはCDを読み取ることは難しくなってきます。もちろん、図書館でのセキュリティゲートに対して、単なる抑止効果だけを期待し読み取り性能を考慮しなければ問題にはなりませんが、実際にはセキュリティゲートに対する期待は高いでしょう。ICタグの大きさは、これを使用する図書館側の要求と製造する側の条件を満たす必要がある難しい問題と言えるかもしれません。

ICタグの特性

　ICタグシステムは電波を使うので金属の影響を受けますから、その影響を極力排除する必要があります。例えば図書館の書棚にはスチール製やアルミ製などの金属棚を使っている場合が多いですが、蔵書点検する時に特にその影響を受けることになります。その影響を排除するために、ICタグの貼付位置を工夫し、ハンディ型ターミナルの使い方にも検討を加える必要があります。

　周波数によっては水分の影響を受けるものもあります。水分の影響を受けるということは人体の影響を受けるということです。家庭で使われている電子レンジは2.45GHzの電波を使用していますが、この周波数が水分の影響を受けやすいことを応用した商品です。2.45GHzやUHF帯の電波は水分の影響を受けますから、例えばICタグを手で挟み込んだり、脇の下にしまい込んだりすると、通信性能が極端に低下し、ICタグに記録されている情報を読めなくなります。

パソコン等の電磁波を発生する機器が近くにあれば、互いに電波干渉するという問題もあります。ここで電磁波と電波について簡単に説明しましょう。「電波とは300万MHz以下の周波数の電磁波をいう」と電波法で規定されています。電磁波とは光やX線等の総称で、赤外線や紫外線、ガンマ線や稲妻も電磁波です。自然界に多く存在する宇宙線は、遥か宇宙から降り注いで来ますが、この中には電波や太陽光、赤外線、紫外線、ガンマ線、X線等が含まれています。

周波数の低い波長の長い電波（超長波）は船舶や航空機の無線に使われていますし、やや波長が短くなる中波や短波はラジオで使用されています。さらに波長が短いものはテレビで、そしてUHF帯は携帯電話等で使われています。電磁波の用途と種類は下図のようになっています。

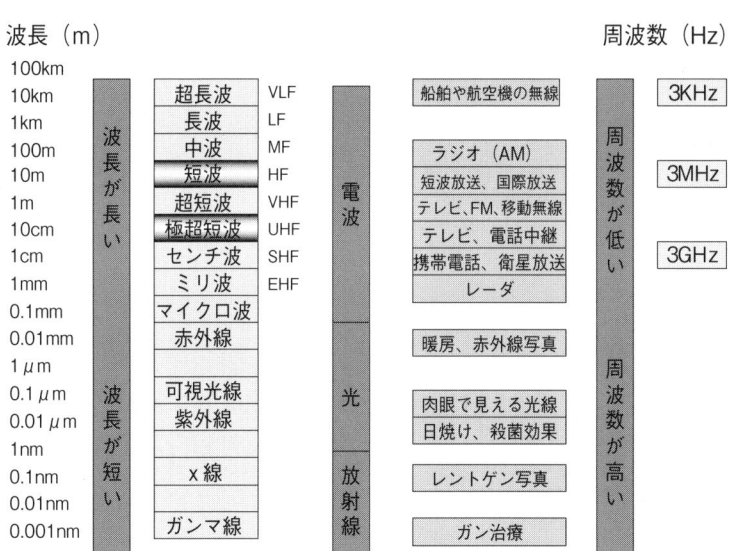

図5 電磁波の用途と種類
参照：山崎榮三郎 将来性を秘めた非接触型システム R＆Dマネジメント ダイヤモンド社 1999.4 p.20-23

ICタグの伝送方式

　ICタグとリーダ／ライタとの間でのデータ伝送の仕組みは、周波数により異なります。ここでは図書館で広く採用されている13.56MHzのICタグで使われている電磁誘導方式と、最近使用が認められるようになったUHF帯のICタグで使われる電波方式について、主として（社）日本自動認識システム協会の資料（http://www.jaisa.or.jp/about/pdfs/20040225AIDC.pdf）をもとに簡単に説明します。なお以下の記述ではパッシブタグを想定しています。

1. 電磁誘導方式（誘導電磁界方式）

　電磁誘導方式とは、135KHz以下、あるいは13.56MHzの短波帯を交信周波数とし、リーダ／ライタ側のループコイル、またはコア入りコイルに通電することによって発生する磁界をICタグ側が受信し、電磁誘導によってICタグ側のコイルで電力を発生させICタグ内での必要な処理を行うと同時に、ICタグとリーダ／ライタの間で必要なデータの

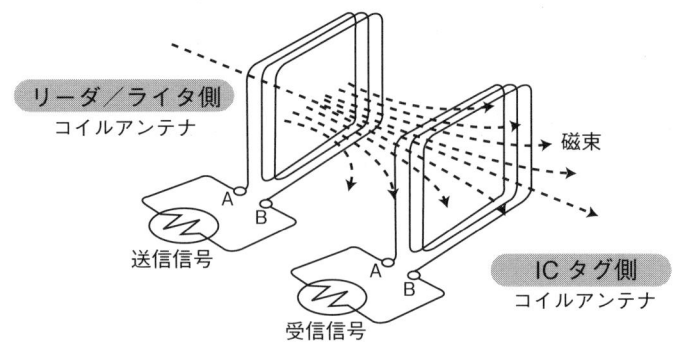

図6　電磁誘導方式のイメージ
(http://www.jaisa.or.jp/about/pdfs/20040225AIDC.pdf を参考に作図)

やり取り（無線通信）をするというものです。雨、塵埃などの影響を受けにくく、非伝導体（人体、ガラス、木材等）への浸透性がよいという特性を持っており、安定したデータ転送が可能になります。アンテナの指向性が広く交信範囲が広いので、物流、ファクトリーオートメーションなど幅広い分野で使われています。

2. 電波方式（放射電磁界方式）

電波方式は、UHF帯および2.45GHz（マイクロ波帯）を交信周波数とし、リーダ／ライタのアンテナから電波を発生させ、それをICタグ側のアンテナで受信し共振電流を発生させて、ICタグ内での必要な処理を行うと同時に、ICタグとリーダ／ライタの間で必要なデータのやり取り（無線通信）を行います。ICタグのアンテナにはダイポール型が使用されます。電磁誘導方式に比較すると長い距離の通信が可能です。また指向性があり、交信エリアの限定が比較的簡単にできます。前述のように人体等の水分の影響を受けますし、2.45GHzでは無線LAN、bluetoothや電子レンジとの電波干渉の回避が課題となります。

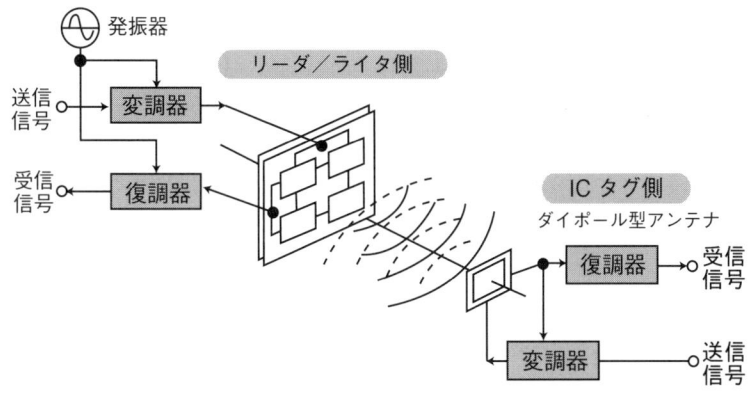

図7　電波方式のデータ伝送
（http://www.jaisa.or.jp/about/pdfs/20040225AIDC.pdf を参考に作図）

IC タグ活用の経緯と現状

　IC タグは、もともと軍事用に開発された技術を民生用として活用してきたものです。1990 年頃からは、主として 125KHz の周波数を使った IC タグが特殊な用途で使われ始めました。1990 年代の中ごろに入り、欧米において 2.45GHz を用いる IC タグが開発され注目を集めるようになりました。しかし、当時は IC チップに記録した情報が安定しないなど、基本技術が確立しておらず、本格的な普及には 13.56MHz を用いる IC タグの登場を待つことになります。13.56MHz を用いる IC タグはデータ伝送の信頼性に優れ、水分の影響は受けず、簡単に開発ができる、コストの低減を実現できる見込みがあるという点から開発が進みました。そして 2002 年に電波法令の改正によって規制が緩和され、わが国でも欧米同様の利用が可能になりました。その結果、回転寿司、図書館、レジャー施設や製造現場へと普及していきました。

　その後、日立から発表された 2.45GHz を用いる μ チップは 0.3mm 四方と砂粒大にまで超小型化され、注目を集めました。μ チップは 2005 年 3 月に始まった愛知万博の入場券に組み込まれました（ただし、ここで使われたのは 0.4mm 四方のものです）。

　2005 年に入り UHF 帯の使用が認

写真 2　愛知万博の入場券と μ チップ
参照：http://mytown.asahi.com/aichi/news02.asp?c=40&kiji=3　（2005 年 7 月 16 日）

可され、主として長い通信距離が必要とされる、流通、貨物等への活用が期待されています。

あらゆる分野での活用が期待されているICタグ

ICタグの持つ潜在的可能性は高く、さまざまな分野での活用が期待されています。総務省は2010年の段階で、すべての条件が揃えば31兆円もの事業が創出されると発表しています。総務省における検討では、図8に示すような分野でのICタグの活用が考えられています。総務省の答申では、「電子タグを利用したアプリケーションは、『元気、安心、感動、便利』社会の実現を目的とする『e-Japan戦略Ⅱ』に大きく寄与する存在である。例えば、病院におけるきめ細かな健康管理サービスの実現、食品に対する生産地から店舗までのトレーサビリティの向上、物流システムの効率化による企業活動の向上、図書など、従来散在していた知の共有化など、多くの領域において、これまで以上に生活を向上させることが期待されている」と述べています。

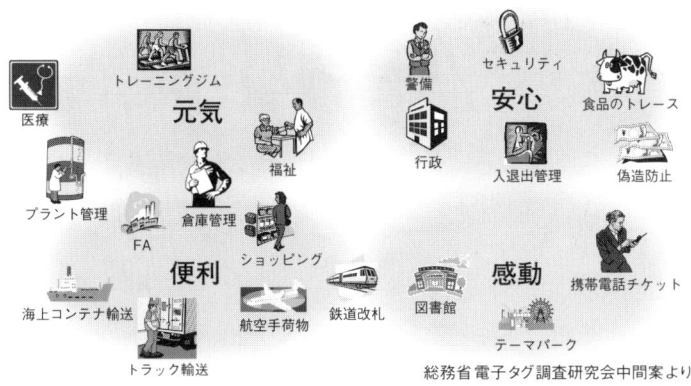

図8　総務省電子タグ研究会答申

あらゆる分野での応用が考えられるICタグは、地球規模で、すべての製品・商品に取り付けられるものとの考えから、世界的規模での標準化をISO（国際標準化機構）が検討しています。周波数の国際的な共通化も必要なことから、日本でもUHF帯の使用認可が下りた経緯があります。また、世界的に多発しているテロ対策を鑑みて、新たな周波数の割り当ても検討されています。

しかしながら、製造から流通、小売へと移りゆく商品のサプライチェーンでの利用を実現するには、多くの課題を解決せねばなりません。製造業界、物流業界、卸売業界、小売業界等々、違った業界にまたがる利用を実現するためには時間がかかります。

そのような背景から、今までICタグ導入が進んできている分野は、オープンな分野よりクローズされた分野でした。例えば、回転寿司業界、レジャー施設、企業の製造工程、ランドリー、マラソン計測等のごく限られた範囲での使い方がメインでした。図書館もその1つと言えます。

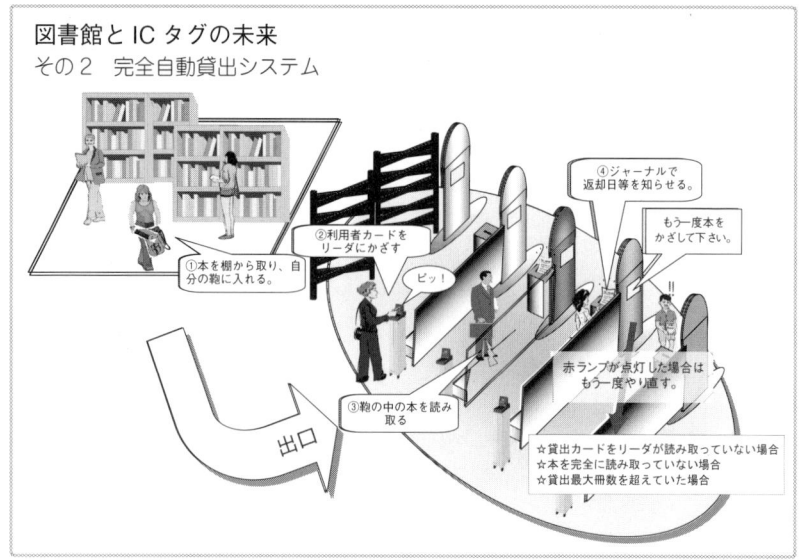

▶ Chapter 1　IC タグとは

図書館で、なぜ、IC タグは普及し始めたのか

　図書館で IC タグが普及し始めた要因としては、IC タグの特徴である、複数同時読み取り、自動書き換え、通信の信頼性、IC チップの小型化、耐久性、透過性などが図書館でのニーズに合致したこと、図書館に適合する機器やタグの開発が進み、バーコード＋タトルテープシステムと比較して価格的にもある程度の競争力を持つようになってきたことがあげられます。また図書館に押し寄せる経費削減、人員抑制、利用者サービス向上の要請といった図書館を取り巻く環境の変化が、特に新設館を中心に、普及を押し進めてきたと思われます。

　しかも自動貸出機で利用者が自ら貸出処理をするようになれば、カウンタ処理が激減しますから、単純作業から図書館員は解放され、読書案内など職員にしかできない業務に集中することが可能になります。返却処理も同様です。最近は銀行での振込・入出金、交通機関での切符購入、大病院の診療支払い等、いろいろな分野で自動機が増えていて、利用者は図書館員が思っている以上に、自分での処理に慣れているという時代背景もあります。

　最近、IC タグシステムを導入した「さいたま市桜図書館」は、蔵書冊数 10 万冊規模の図書館ですが 5 台の自動貸出機を導入しました。開館して 1 か月も経っていない段階で自動貸出機による貸出比率が 50％を超えました。「奈良市北部図書館」でも、多い時には自動貸出機における貸出処理の割合が 80％を超えています。

　それでは、具体的にどのように使われているかを見てみましょう。

　大都市および近郊都市にある公共図書館では土、日曜日になると貸出処理のために、利用者はカウンタの前に行列を作ります。今のバーコー

ドシステムですと、図書館員は1冊ずつスキャンして貸出処理をします。しかも不正持ち出し防止にタトルテープを使用している図書館であれば、10冊の貸出に際して、利用者カードをスキャンしてから、本のバーコードをスキャン、そして本から磁性を消去する操作が必要となりますから、カードスキャン×1回、本のバーコードスキャン×10回、タトルテープ消磁×10回（消磁作業は数冊ずつまとめて行うことも可能なので、この回数は減少する可能性はあります）として最大21回の操作をすることになります。その一方、ICタグシステムを採用すると、利用者カードもICカード化されていれば、チューニングなどの条件を整える必要はありますが、1回の操作で10冊の処理を完了することは可能です。利用者カードがICカード化されていない場合でも、利用者カードのスキャンをし、10冊の本を同時読み取りする2回の操作で処理は完了となりますから、貸出処理の効率は向上します。利用者の待ち時間が減るという点でサービス向上と言うことができるでしょう。

　貸出処理時にICチップ内に貸出情報を自動的に記録し、その情報を出口のセキュリティゲートで読み取って、貸出処理もれもしくは不正持ち出しを自動的にチェックします。必要とあれば、貸出処理もれもしくは不正持ち出しされようとした本の書名までカウンタ内モニタで表示確認ができるので、資料名を特定化した上で利用者に対して確認のための問いかけができるようになります。

　図書館にとって、時間と労力のかかるものですが欠かすことのできない作業として蔵書点検があります。書架に並んだ本を取り出してはバーコードをスキャンして元の位置に戻すという作業は単純で職員の負担も大きいのですが、目録上利用可能となっている資料の所在を確認することは、利用者に対する図書館の責任でもありますから、しないわけにはいきません。しかしこの作業のために1週間から2週間程度休館する必

要がありましたから、利用者には不評でした。

　ICタグシステムにおいては、配架状態のままポータブルリーダで資料をなぞっていく、あるいは資料の間にポータブルリーダを差し挟むことでICタグ上に記録されている情報を読み取っていきます。書架から資料を抜き出して、それをまた元の位置に戻す作業は、金属製の書架の影響を受けてICタグの読み取りができない位置に置かれている資料以外は不要なので、職員の作業負荷は軽減します。さらに複数のICタグに記録されている情報を同時に読み取っていきますから、時間あたりの作業効率の向上も期待できます。結果的に休館日の短縮につながりますから、利用者サービスの向上にもなります。

　現時点での図書館におけるICタグの利用は、バーコード＋タトルテープによるシステムを置き換えた程度といえます。カウンタでの貸出・返却処理の複数冊同時処理や不正持ち出しチェック用のセキュリティゲートシステム、そしてポータブルリーダを使った蔵書点検が主たる活用の場面となっています。

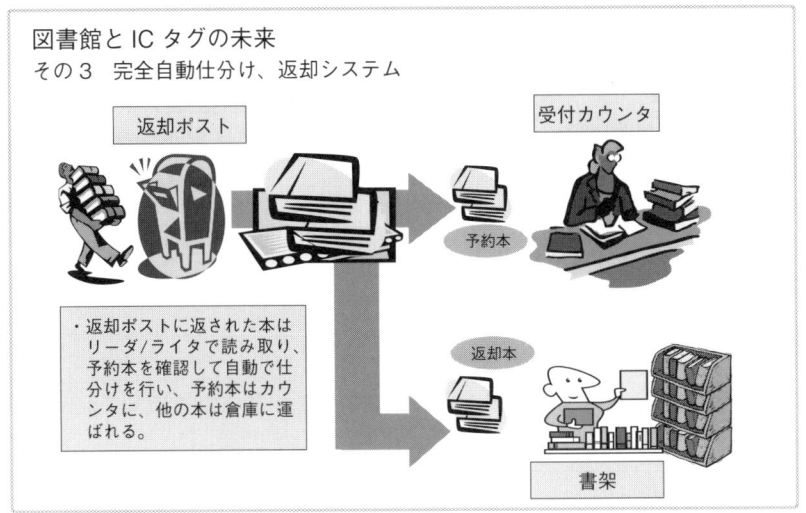

図書館とICタグの未来
その3　完全自動仕分け、返却システム

IC タグシステム導入コスト

　IC タグシステムを導入するためにかかるコストはどれくらいでしょうか。一般的なケースとして蔵書規模 10 万冊程度の図書館を想定してみましょう。貸出処理件数により貸出カウンタや自動貸出機台数が変わりますし、出入口数によりセキュリティゲート台数も変わりますので、正確な費用を算出することは難しいのですが、ここでは図 9 のようなシステム構成を想定してみます。

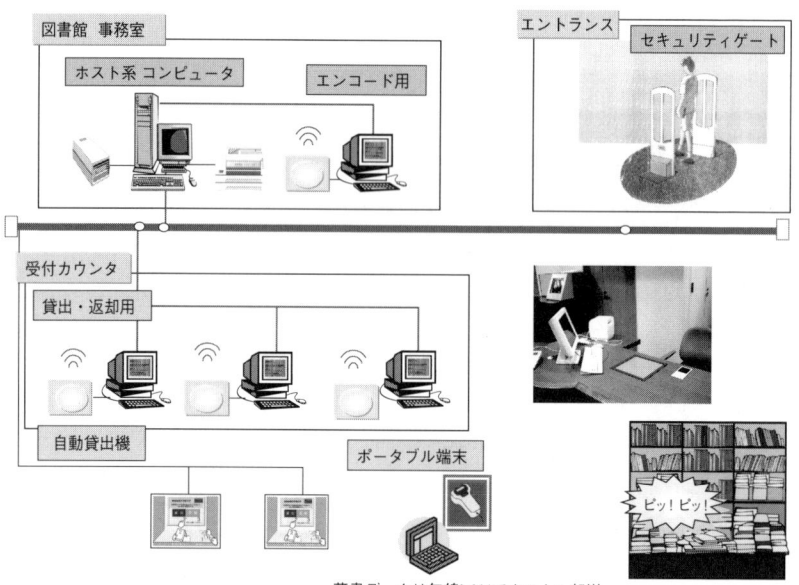

図 9　システム構成図

　この図のような構成ですと、以下に述べるような装置関連、IC タグ関連、導入支援費等を含めて、かなり大雑把な計算ではありますが、買取価格で 3000 万円前後、5 年リース換算で 55 万円／月額くらいと考え

られます。販売企業によって価格は変化しますから、多少の変動を加味する必要があります。

1. 装置関連

　①受付カウンタ端末

　②ポータブル端末

　③ゲート（1通路用と2通路用がある）

　④自動貸出機

2. ICタグ関連

　①図書用ICタグ

　②CD/DVD用ICタグ

　③ポケット（ICタグを繰り返し使う雑誌向け）

　④貼付＆エンコード作業費

　⑤エンコード用プログラム

3. 導入支援費

　①要求分析・仕様設計

　②操作研修・運用支援

　③搬入・設置調整料

4. その他費用

　①図書館ホスト連携ソフト

　②LAN工事、電源工事代

　③パソコン機器

　④受付カウンタのバーコードリーダ

　⑤機器保守料

　⑥図書利用者カード

　機器の価格に関しては、業者による違いはあまりないと考えてよいで

しょう。それ以外については、業者による違いが生じます。特にICタグのコストと図書利用者カードのコストは、かなり大きなコスト変動要因となります。

　ICタグは13ページのICタグの構造にあるように、さまざまな材質で構成されています。価格を下げるためには構成する部材の質を落とすことが考えられますが、図書館では、繰り返し使われることが当たり前で、本の積み重ねや利用者によっては資料の乱暴な取り扱いがされることなども考慮し、ICタグには常時衝撃が加えられていると想定した上でタグ部材も検討すべきです。ICタグケースが紙質であれば価格は安くなるでしょうし、PET（ポリエチレンテレフタレート、ペットボトルの原料）を使えば高くなるでしょう。安くて耐久性に問題あるICタグを採用するのか、耐久性を考慮したタイプを採用するかは、最終的には図書館が判断することになります。

　経済産業省が主導する国家プロジェクトである「響プロジェクト」では、2006年夏以降にUHF帯を用いるICタグで「5円タグ」を出すことを目標としています。UHF帯を用いるICタグそのものが図書館で有効かどうかの論議はありますが、それはさておき、13.56MHzタグのコストも「5円タグ」のコストの影響を受けることになるでしょう。現在想定されている「5円タグ」はインレット状態のものであり、図書館で使えるようにするにはタグを構成するさまざまな部材が必要となりますから、タグ状態ではどれくらいの価格になるのかまだわかりません。ICタグの低価格化は図書館にとっては望ましい事態と言えるでしょうが、これがICタグ機能の低下という形で実現した場合には図書館にとって望ましいとは必ずしも言えません。

　図書利用者カードをICカード化する際には単価が問題となります。本に比べて数量が少なくなるため発注ロット数が少なく、また印刷する

▶ Chapter 1 ICタグとは

色数とか、材質によってコストが変化します。同一条件で数社から見積りを取るとよいかもしれません。

　ICタグの販売方法が業者により違うため、コスト比較が難しい点もありますが、上記項目に沿って比較表を作ればわかりやすくなります。

　図書館ソフトに関しては、これを提供するベンダやメーカによって価格が異なってきます。例えばホスト連携費用はパッケージメーカの意向に沿うものですし、貼付＆エンコード費用も業者により異なります。ICタグと関連機器を別業者から購入する方法と一体化して購入する方法がありますが、大事なことはトラブル時の責任所在と対応体制の明確化にあります。特にICタグは、今まで触れてきたように、さまざまな技術的要因によって読む、読まないという現象が起こりますから、その時のスピーディな対応を保証するためにもこれは重要です。

　いずれにしても、最終的には図書館が何をどれくらいの予算で実現したいか、ということを軸に検討を進めることになります。

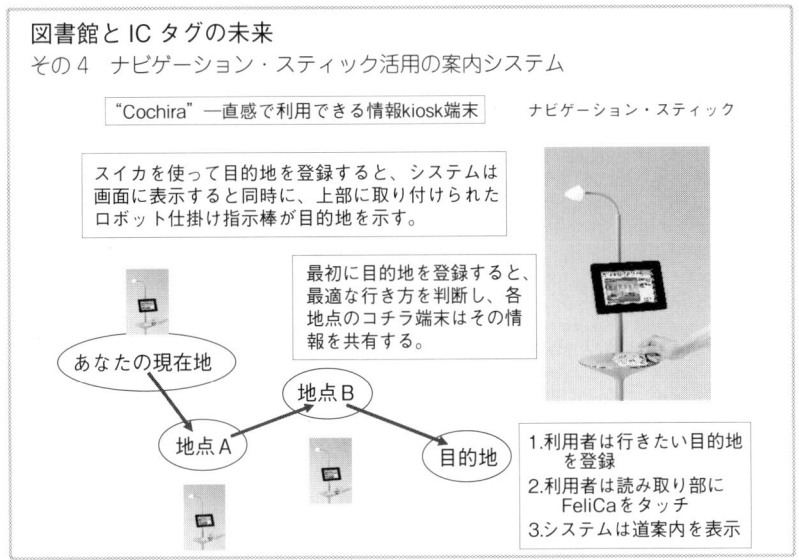

IC タグ導入にあたっての検討項目と検討ポイント

　新設する図書館であれば準備室に IT に詳しい人を置くなり、近いところに IT 理解者を用意すべきでしょう。IC タグは建設費、図書購入費、コンピュータ管理費等に比較して金額ウェイトは低いですが、図書館システム全体や運用に対する影響度合いは大きくなる傾向があります。IC タグ導入に際しては、以下に示すような細かなさまざまなことを考慮する必要があります。またすでに導入している図書館の意見を聞いて、不明点を確認することが最大のポイントです。

1. 最適な IC タグおよび機器の選択
2. IC タグ仕様・設計
3. IC タグ購入方法・企業
4. 登録データの決定
5. IC タグ貼付とエンコードの方法
6. 各種リーダ／ライタの購入方法と企業
7. 読み取りテスト・検証
8. 導入場所の環境調査
9. ゲート設置工事
10. 図書館ソフトとの連携ミドルソフトウェアの開発
11. ホスト連携との事前検証
12. 結合テスト
13. 稼働後のサポート（操作指導も含む）
14. 保守（ハード・ソフト）

▶ Chapter 1　ICタグとは

　一部繰り返しになりますが、図書館で特に留意すべき点を列挙すると、以下のようになります。

1. 通常、本の内側に貼付するため、ICタグの薄さがポイントになります。
2. 人体の一部に覆われても読み取りができるICタグが望ましいですから、水分に対する特性から13.56MHzの方が優位だという考え方もあります。
3. カウンタ等は隣接しますから、カウンタや自動貸出機に装備されるリーダ／ライタの電波干渉を意識した上での設置場所やソフト対応が要求されます。
4. 本、CD/DVD、ビデオテープ等に対応した、リーダ／ライタの性能、精度を綿密に検討する必要があります。
5. 貸出処理は基本的に1人ずつ行うものですから、通信距離の長い周波数帯を用いるタグを採用する場合、十分な調整が必要です。
6. 書架には金属製もありますから、その影響を排除する必要があります。ICタグ貼付位置の検討や、ポータブルリーダの仕様を綿密に打ち合わせる必要があります。
7. 図書館の本は長い期間使用されることが前提です。特に郷土資料や古文書については数十年、数百年ということも考えられます。現在販売されているICタグは、およそ10年の保証期間を持つタイプが多いのですが、さらにその寿命をのばすように業者に要求し続ける必要があります。
8. ICタグの寿命は環境によって変化する傾向にあります。図書館での使われ方では、常時ICタグに衝撃が与えられていると考えるべきでしょう。ICチップそのものの不良を少なくする方法の検討も

必要です。また不良が発生した場合に対応するために、貼付後簡単に取り外しができる方法の検討も必要となります。

購入業者の検討と対応

1. ICタグ購入業者の検討

業者によっては提供するICタグあるいはICチップを運用途中で変更するケースが散見されています。こうした事態に備えて「今後5年間は、導入機器、システムの改変を伴わず使用できるICタグの供給を保証する」というような契約条項を考慮すべきでしょう。

ICタグシステムについては、まず以下の項目をチェックする必要があります。

①ICチップのメーカ名とチップ名
②メモリ容量とファイル形式
③コマンドの種類と、従来チップとの互換性
④読み取り方式の互換性
⑤据置タイプリーダ／ライタの型式
⑥セキュリティゲートの種類と読み取り精度、範囲

さらに、留意すべき点としては、以下の項目を挙げることができます。

①性能チェックのためのデモに際しては、厚い本、薄い本、ソフトカバー、ハードカバー等多種多様な本や資料を対象とします。
・据置タイプのリーダ／ライタで、重ねた本の同時読み取り冊数など、

読み取り性能についてのチェックを行います。
- セキュリティゲートでの複数冊の資料など読み取り性能チェックを行います。
- ポータブルスキャナは金属製の棚を使っての読み取り範囲チェックをします。

②ICチップ破損対策加工をどのようにしているかを確認します。
③ICタグ耐久性対応の方法について確認します。
④不良タグが発生した場合の保証範囲と保証期間について確認します。
⑤貼付された不良タグの交換方法について確認します。
⑥ICタグ上の情報の読み取り不良が生じた場合の対応体制と責任の明確化を行います。
⑦すでに導入している図書館での状況〈導入されたICタグの性能、購入企業決定事由、購入企業のサポート状況等〉を評価します。
⑧以上を踏まえた上で価格の妥当性を検討します。

これらを総合的に判断し、ICタグ購入業者を比較した上で最終決定します。

2. コンピュータハードおよびソフト選定

決定したICタグの種類を入札仕様に盛り込んだ上で入札を行うか、見積もり合わせを行い、システムベンダを決定します。その際迅速なトラブル対応を実現するために責任体制を明確にします。

図書館ソフトを提供するメーカなりシステムベンダによって、ICタグの取扱いに関して営業姿勢の違いが見受けられます。積極的なメーカなりベンダの場合は自社パッケージソフトへの対応もスムーズに行わ

れ、コスト的にも安心感を持てますが、消極的メーカとかベンダの場合には、対応が鈍くコストも高くなる傾向も見受けられます。

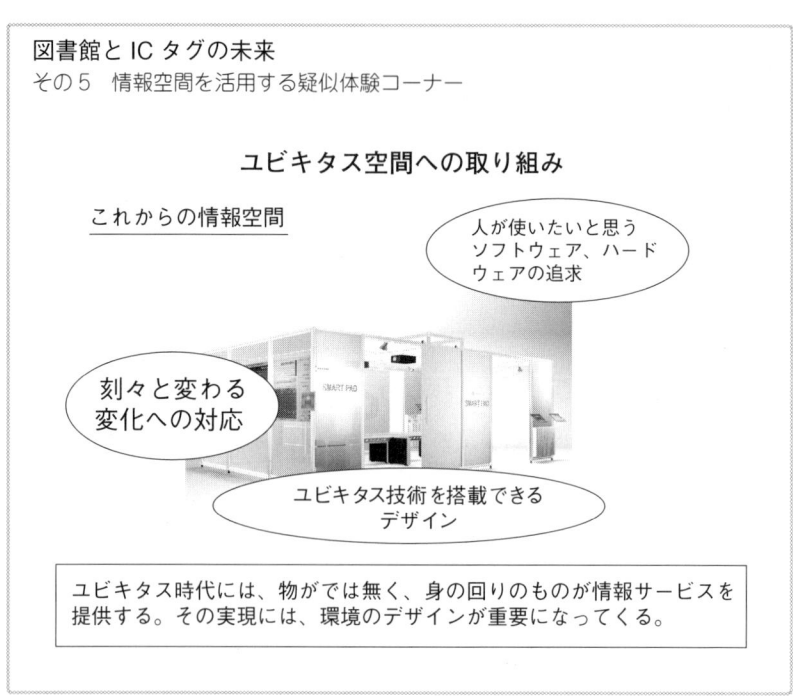

Chapter 2　図書館に IC タグを導入したら

本章では、すでに IC タグを導入した笠間市立図書館（茨城県）の実態に基づいて解説します。

機能と導入メリット

1. 図書館システムクライアント機または利用者用端末機に対する読み取りおよび書き込み

①サービスデスククライアント機

②利用者用端末機

③リーダ／ライタ（235mm × 335mm）
　実際には、①のようにガラスの下に埋め込まれています。
　ガラス面の大きさは、検知範囲の 400mm × 600mm と
　同一であり、この面をリーダ／ライタとみなしています。

　ICタグの読み書きに関しては、あらかじめ以下のような条件を設定しました。

①貸出および返却処理時における資料 ID の複数同時読み取りができること。また、貸出処理時に、貸出確認処理の記録を書き込み、返却処理時に解除すること。
②その他の処理において資料 ID の単独の読み取りができること。
③バーコードリーダから ID 情報の読み取りを行い、所定のデータを IC タグに書き込むこと。また、IC タグの初期化および上書きができること。
④その他の処理において資料 ID の複数読み取りができること。

　上記①の機能によって、貸出・返却処理時に従前の手法ではバーコードリーダで 1 冊ずつ読み取っていたものが、複数冊（5 〜 8 冊程度）を同時に読み取ることにより、処理速度が大幅に向上し、利用のピーク時にも利用者を待たせることなく速やかに手続きが完了できるようになります。また、ブックポスト返却資料の処理についても、開館時間前の限られた時間の中で、速やかに処理できるなど、内部業務のスピードアップをはかることができます。
　上記①の機能は、さらに従前の手法では別の機器で貸出確認処理の記録を書き込み、または解除を行っていたものが、同時に処理することとなり、さらなるスピードアップをはかることができます。
　上記②は、貸出および返却以外の処理（例えば資料データの修正）時の処理をさしています。バーコードリーダの処理に比して迅速に読み取りができます。
　上記③は、IC タグにデータを書き込むための処理です。また、貸出カードに利用者 ID を書き込む処理です。
　上記④は、例えば「館内場所」の変更＝開架から閉架のように、特定のコードを一意に変更するような場合、変更後のコードを指定して、複

数の資料IDを読み込むような場合に使用することにより、バーコードリーダの処理に比して迅速に読み取りができます。

2. セキュリティゲートにおける読み取り

2通路3ゲート（通路間900mm）
検知範囲 450mm

　セキュリティゲートにおいて、上記1①の貸出確認処理がなされていないものを検知すること。
　この機能は、貸出確認処理の有無（タグに書かれた特定の2バイトのデータ）を検知し、ブザーの鳴動により職員に知らせる機能です。この機能は、「無断持ち出し」を防止し、市民の財産である図書館資料の亡失を防ぐ機能でもありますが、「盗難防止」という狭い観点でとらえるのではなく、市民利用者にとって正常な利用さえしていれば、格別にゲートを意識することなく、手荷物をロッカーに入れるなどの制約なく自由に出入りができるというとらえかたをすべきです。

3. 蔵書点検機器における読み取り

　蔵書点検機器により、配架された資料に貼付されたIDの複数同時読

▶ Chapter 2　図書館にICタグを導入したら

み取りができること。

　この機能は、蔵書点検（図書館資料の棚卸し）処理時に従前の手法ではバーコードリーダで1冊ずつ読み取っていたものが、棚単位で読み取ることにより、処理速度が大幅に向上し、各図書館で10日ないし2週間の臨時休館を要していたものを短縮することができ、開館日数の増により、サービス向上をはかる効果があります。

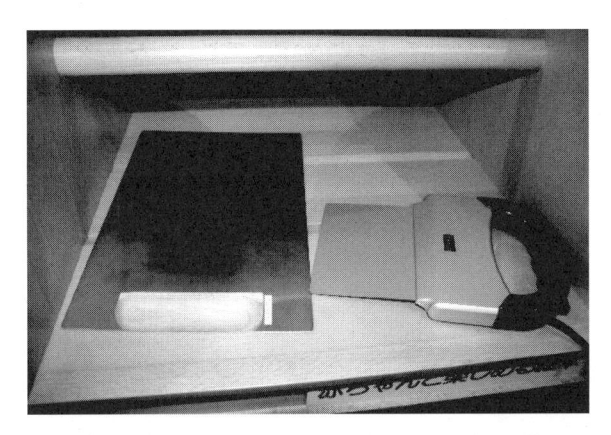

①左側が「遮蔽版」右側が「リーダ／ライタ」　遮蔽板は、スチール書架等必要に応じて使用します。

②書架の段ごとの冊数を目で数え表示します。

③リーダ／ライタで読み込みます。

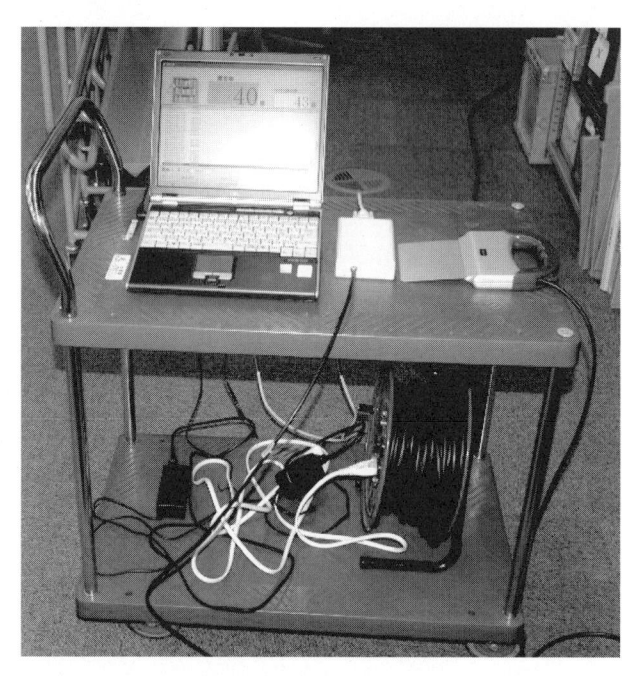

④リーダ／ライタは、Windows機に接続しています。
　台車に搭載し、移動します。

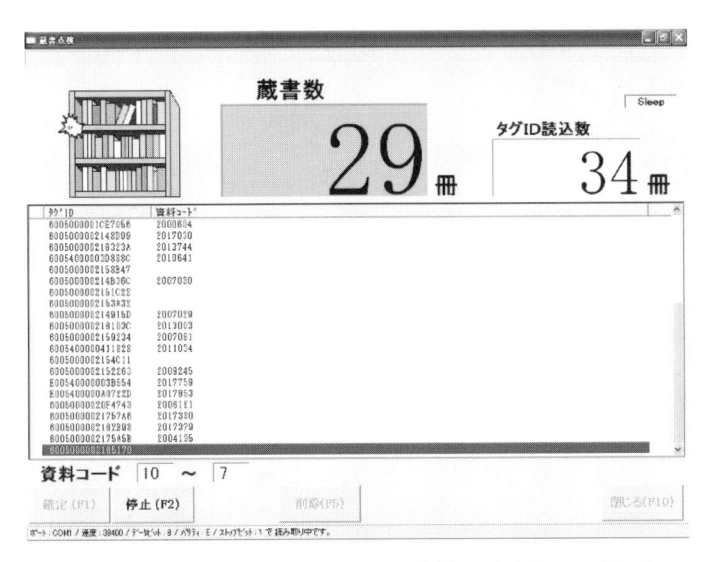

▶ Chapter 2　図書館に IC タグを導入したら

⑤読み込みの途中段階です。タグ ID と資料 ID を表示し、それぞれの冊数を強調表示します。

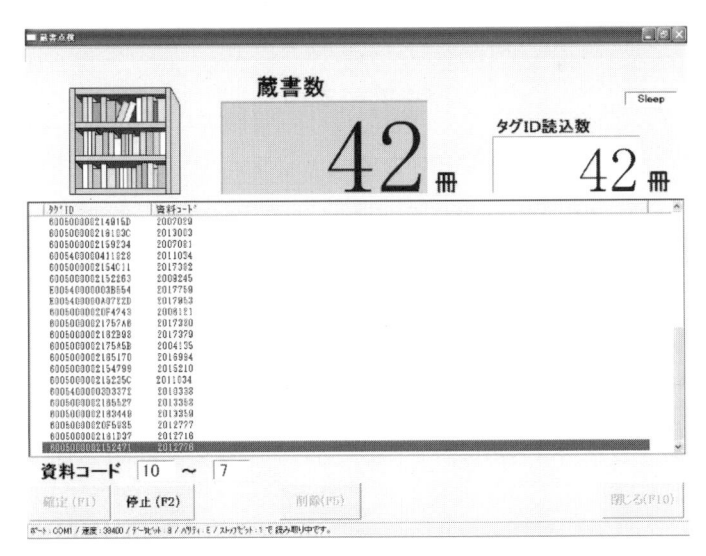

⑥棚に表示された冊数と画面に表示された二つの冊数が合致すれば、終了です。

導入FAQ

　ICタグの導入にあたって、これまで笠間市立図書館に問い合わせのあった質問を一問一答形式にまとめてみました。なるべく、具体的に説明するため笠間市立図書館の具体例に沿って回答しています。したがって、解説内容はあくまでも笠間市立図書館の事例に基づくものであり、選択肢は他にもあり得ることをあらかじめお断りしておきます。

● バーコードとICタグは併用するのでしょうか？

　バーコードには、ICタグ故障時の代替という意味もありますが、むしろ下記のような固有の機能があると考えており、笠間市立図書館では、バーコードはICタグ採用後も不可欠なものと見なしています。

①連番のバーコードを資料に貼付することにより、ユニークな資料IDを決定します。

②タグにデータを書き込む際のシステム操作において、手入力は間違いがありうるのでバーコードをスキャンすることにより、資料IDを入力します。

③システム画面の表示との照合等で、人が目で見てわかる資料IDが必要です。

● 複数冊の同時読み取りはどの程度できますか？

　以下の写真は①は貸出画面で、②～⑤は返却画面で実際に処理したところです。

▶ Chapter 2 図書館に IC タグを導入したら

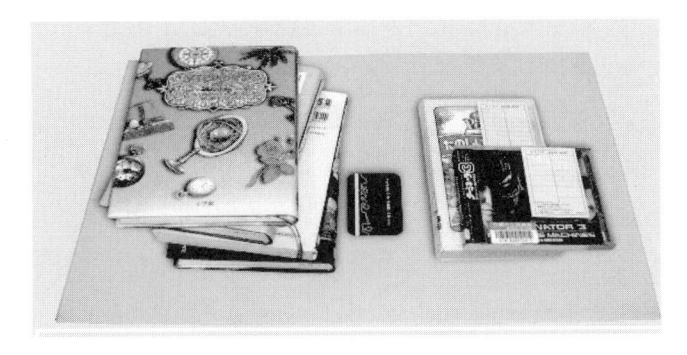

①貸出画面では、笠間市立図書館では、「貸出カード」にも IC カードを採用していますので、このように「貸出カード」と資料を同時において処理します（図書 4 冊、CD 1 枚、DVD 1 枚）。

②比較的薄く判型の大きな児童書 10 冊

③図書 5 冊、CD 3 枚、VHS 1 本、DVD 1 枚

④薄く判型の小さな一般書 10 冊

⑤ CD 10 枚

②〜⑤はいずれも資料10点を同時に読み込んだものです。すべて正常に読み込んでいます。

　笠間市立図書館では、貸出点数の制限を行っていないため、実際の作業では、確実を期して1人の利用者が8点以内なら全部一緒に、9点以上なら2回に分ける、大量の場合や返却の場合は5点ずつといったように分けて処理しています。いずれにしても、同時に多数の資料を読み込むことが可能です。仕様的には高さは16cmまで、またシステムアプリケーションの制約で点数は16点までとなっています。

● バーコードの場合、1点ずつ画面の目視またはブザーで確認できますが、貸出・返却画面で同時に読み込んだIDの確認はどのように行うのでしょうか？

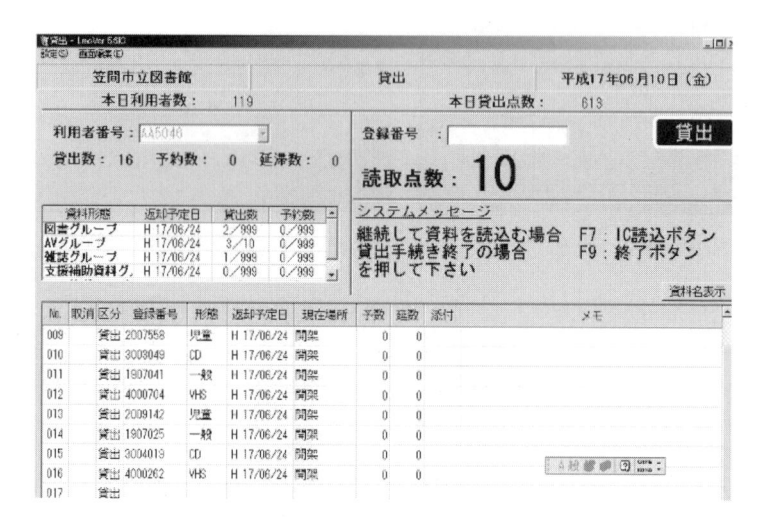

　目視で1点ずつ照合するのではなく、処理点数を処理画面で強調表示し、目視で確認した点数と画面表示が合致すれば、正常な処理と判断します。

▶ Chapter 2　図書館に IC タグを導入したら

- 自動貸出機の操作は、できるだけわかりやすくすべきと思いますが、どのようにしていますか？

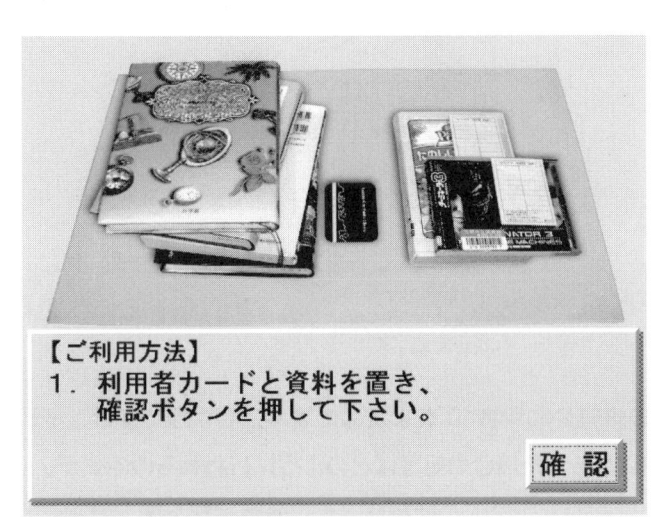

①タッチパネルです。リーダへの置き方の説明です。

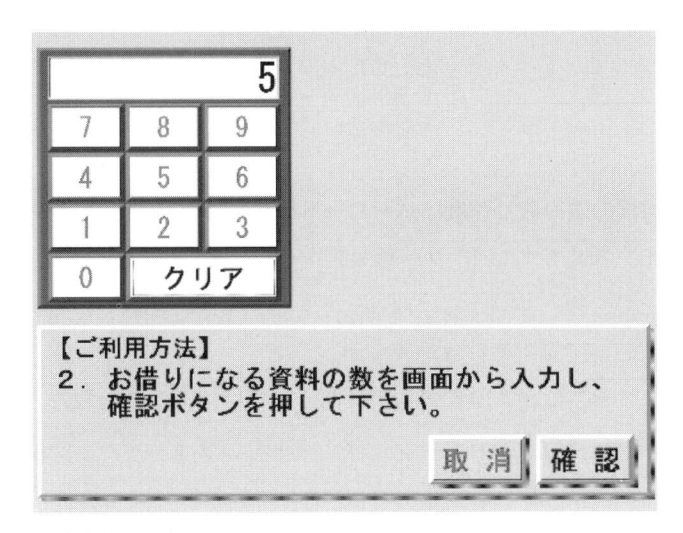

②点数の入力をします。

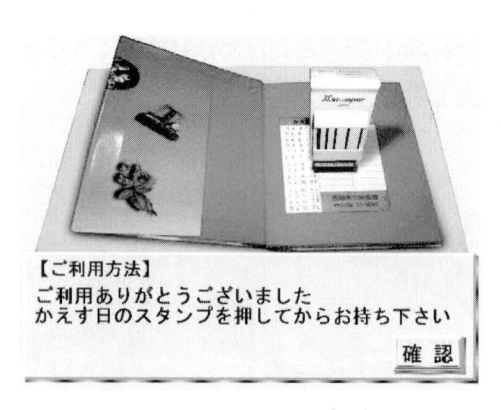

③入力した点数と読み込んだ冊数が合致すれば正常終了です。

- 複数の資料や利用者IDをまとめて読み込むようですが、予約資料や無効IDがあった場合の処理はどのように行われるのですか？

　IDの読み込みは同時に行われ、その順序はランダムです。すべてのIDを読み込んだ後、システム処理はアプリケーションプログラムが順次行います。予約などのチェックがかけられたIDを検出すると、ポップアップウィンドウを表示し、OKボタンをクリックすると、次に進みます。

- 蔵書点検の読み取り速度はバーコードに比べてどうでしょうか？

　笠間市立図書館ではICタグ導入後、蔵書点検を行ったことがありません。そのため、経験からはお答えできませんが、雑誌での報告例や今回の他館の事例から推定はできます。

　まず、千葉県富里市立図書館ではバーコードでの6倍の速度となったとの記事が『日経コンピュータ』誌に載っています。また、今回の事例中のアド・ミュージアム東京ではICタグの読み取り速度として1分間に100冊が最適との報告があります。この値をバーコードでの読み取り

速度（バーコードでの読み取り速度については、平成16年度の『出版業界における電子タグ実証実験に関する調査報告書』に、実際に計測した結果が載っており、120冊の読み取りに7分かかっています）と比較すると、おおむね6倍の速さになります。

同じく事例に取り上げた九州大学の報告は、かなり慎重な感じを受けますが、バーコードの数倍という速度は可能なようです。

● ICタグの故障はどれくらいありますか、またどのような故障ですか？

ICタグの故障は2004年度1年間に602件発生しており、蔵書数に対して0.52％となりました。故障の症状は、貸出・返却時にICタグ上のデータを読まないということですから、貸出冊数に対する比率でいえば0.13％であり、この数値を発生頻度としてとらえることができます。笠間市立図書館の1日平均貸出冊数は約1,600冊ですから、1日に1回あるかないかという感じです。故障の状態には中間的な段階はなく、すべて読み書きができなくなるというものです。

● セキュリティゲートから発生する電磁波が、心臓ペースメーカー等の医療器具や妊婦など人体への悪影響が心配です。

後述する総務省による指針に従えば、通常の使用ではまず悪影響はないと考えてよいと思いますが、笠間市立図書館では心理的な影響を考慮して下記のように掲示し、ブザーによって職員が電源を切断するように準備しています。

ゲート右側の館内案内表示です。

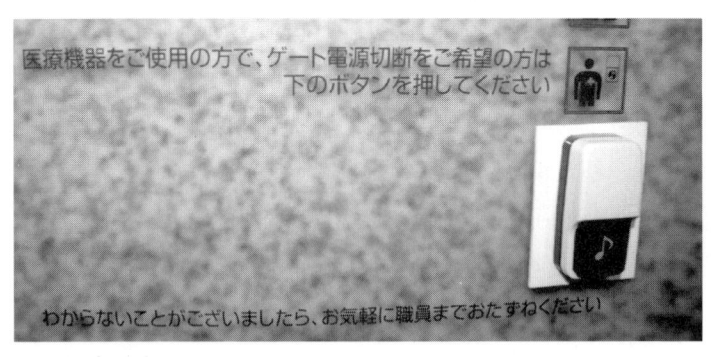

ブザーと掲示文です。

- ゲートでブザーが鳴動したときの対応はどうすればよいのでしょうか？

　これまでの運用実績から言えば、意図的な無断持ち出しでブザーが鳴ったことは皆無です。ブザーの原因は①手洗い、公衆電話などの用事で手続き前の資料をもって無意識にゲートを通過した、②貸出時の処理もれがあった資料をもってゲートを通過した場合に限られています。ブザーが鳴った場合は、無断持ち出しと決めつけず、図書館側のミスという前提で対応することが必要です。なお、貸出時の処理もれの原因は、点数の照合ミスなど人為的なもので、システム的に正常に処理されたものが反応した事例は皆無です。

- ICタグは高価なものですが雑誌にも貼るのでしょうか？

　雑誌のみバーコード対応ということも考えられなくはありませんが、資料により適用する／適用しないというものがあると、貸出・返却時の処理が煩雑になってしまいます。また雑誌の場合、受け入れ時にICタグを貼りデータを書き込むことにより新刊雑誌の持ち出し防止という効果もあるので、雑誌にもすべて適用しています。ただし、雑誌は通常保

▶ Chapter 2 図書館に IC タグを導入したら

存年限が決まっている（笠間市立図書館の場合、週刊誌 3 か月、その他原則 1 年）ので、IC タグは使い捨てにはせず、「初期化」「上書き」をして再利用しています。

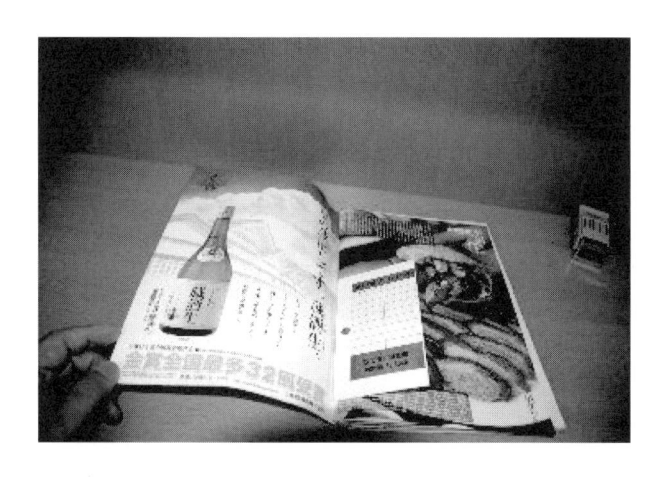

笠間市立図書館では、目録カードに IC タグを貼り、その上にデートスリップを貼り、雑誌の両側にラミネートフィルムで固定し、除籍時にはカッターで切り取って再利用しています。

笠間市立図書館の導入事例

1. 笠間市立図書館の概要

笠間市立図書館外観

（1）施設		CD	6,589 枚
敷地面積	7,764.13 ㎡	VHS	3,629 点
建築面積	2,280.59 ㎡	DVD	1,121 枚
延床面積	2,779.25 ㎡	合計	115,104 点
構造・規模	ＲＣ造（一部Ｓ）地上2階 最高13.18 m	（4）平成16(2004)年度サービス実績	
開架収容能力	128,000 点	一般図書	232,794 冊
閉架収容能力	100,000 点	児童図書	94,655 冊
（2）サービス		雑誌	12,680 誌
貸出期間	2週間（すべての資料種別）	CD	52,885 枚
貸出冊数	無制限（視聴覚資料は10点以内）	VHS	45,894 点
貸出登録	地域制限をしない	DVD	16,188 枚
開館時間	火〜金 9:00〜19:00	合計	455,096 点
	土日祝 9:00〜17:00	登録者数	10,821 人（登録率 23.8％）
休館日	月曜日及び最終木曜日	市人口	29,996 人
（3）所蔵資料数		市民一人あたり貸出点数	15.17 冊
一般図書	82,912 冊	開館日数	282 日
児童図書	20,853 冊	一日平均貸出冊数	1,614 冊

▶ Chapter 2　図書館にICタグを導入したら

　笠間市立図書館は、それまで、図書館未設置であった笠間市に2004年4月23日に開館したばかりの図書館です。図書館の概要は前ページのとおりです。

2. 導入経過
(1) 導入を決断した理由
　茨城県笠間市は、人口3万人弱、市域200km^2、東京からの距離100kmの小さな都市です。これまで図書館未設置市であった笠間市で具体的な図書館設立準備が開始されたのは、2001年8月でした。その頃から、「ICタグは図書館における実用化の水準に達しており翌年度から実稼働が可能である」という提案が複数の企業からありました。当初は、利用実態の予測（実績は予測をはるかに上回るものとなりました）や、地域性からしても、あえて、先端技術を導入するという危険を冒す必然性を感じませんでした。しかし深く考えると、この技術は、ただ単に「バーコードラベルの代替物」や「新たなセキュリティ技術」にとどまらず、図書館運営上、大きなメリットをもち、大きな拡張性をもった技術ではないかと思うに至りました。その理由としては、

①この技術は、図書館の標準装備になる可能性が高いこと。
②開館準備作業の一環としてICタグの貼り付けおよびデータの書き込みを行うことにより、相当な作業量を吸収することができること。
③例えばゲートの位置など、ICタグシステム導入に際して施設面で要求される条件を設計に反映できること。
④システム導入についても、相当額が総コストに吸収させることが可能であること。
⑤開館以降の導入には初期投資額が大きく、単年度でのICタグの購入、施設の改修などコストが増大することが推測され、財政が格別

豊かでない笠間市にとって、早期の導入をするのであれば、開館時点から導入しない限り時期を逸するとの懸念があったこと。
⑥利用が多いことが見込まれるため、強力なツールとして機能する期待があったこと。
⑦準備体制が比較的充実しており、スタッフの力量からみても、問題意識を持ちながら十分な準備ができる予想があったこと。
といった点をあげることができます。

(2) 仕様を選択した理由

　幸い、この考え方は市の理解をうることができ、2002年度にまず、ICタグの購入費が予算化されました。次にどの仕様を採用するかの判断が必要になりました。オファーのあった4社を比較検討して、受託者に決定したわけですが、実際のところこの時点では実稼働例は少なく、比較対象としては外形的な仕様しかありませんでした。決定的な理由は、視聴覚資料への適用の問題でした。これまで、CD、DVD、ビデオなどの視聴覚資料については、ケースのみ展示し、本体はカウンタ内にならべて貸出することが一般的でした。この方法では、貸出・返却の都度、抜き差しを行うため、職員が立ったり座ったり移動したりと多大な時間がかかり、利用者を待たせ、カウンタ内の多大なスペースを必要としていました。

　ICタグを導入するのであれば、視聴覚資料の媒体本体に貼付しない限り、自動貸出機で取り扱える資料が限定されてしまいます。また、ICタグによって資料の亡失を防ぐ機能は発揮しえません。それができない限り導入のメリットは半減すると考えました。そのためには、図書用とは異なる形状のICタグにより、媒体本体に貼付することが必要になります。しかし「技術的常識」では、媒体は金属製であり金属は電波を遮

断するので、そのようなことは不可能という反応が大部分でしたが、1社のみが開発に挑戦するという姿勢を示しました。このことが仕様を選択した決定的な理由でした。

3. システム運用と資料装備
(1) システム構成

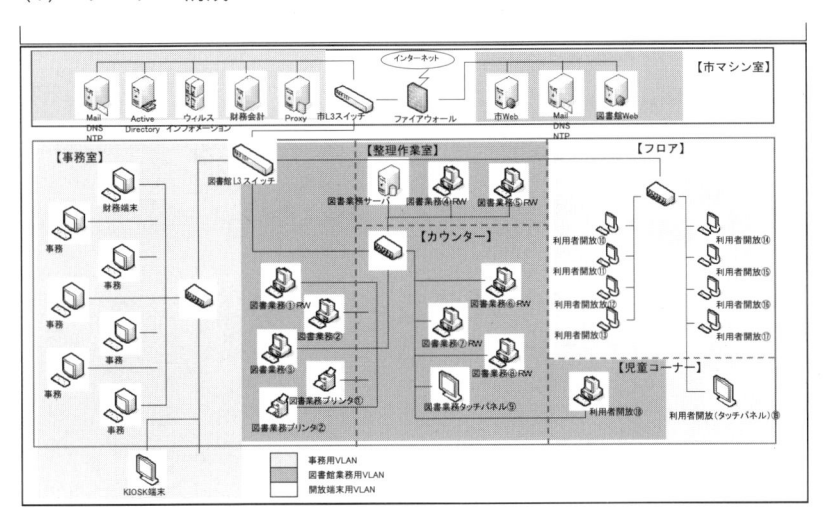

笠間市立図書館システム構成図

　　システム方式　：クライアントサーバ
　　OS（サーバ）：Linux
　　　（クライアント）：Windows2000
　　＊RWを付したクライアントがリーダ／ライタ付
(2) タグの仕様
1) 準拠規格　ISO 15693完全準拠で、汎用ICとの互換性がある。
2) 通信周波数　13.56MHz（±7kHz）
3) 読み取り速度　26.69Kbit/sec

IC 記録項目

No.	項目名	文字種	バイト数	ページ	アドレス	備考
		資料ICカード				
1				1	0-7	
2				2	0-7	
3	自治体コード	ANK	5	3	0-4	
4	カード識別フラグ/資料 ID	ANK	1+7	4	0-7	カード識別フラグ 's':資料 'u':利用者
5	館コード/場所コード	ANK	4+4	5	0-7	
6	別置	ANK	7	6	0-6	
7	分類記号	ANK	4	7	0-3	
8	図書記号	混在	2	8	0-1	
9	巻冊記号	ANK	7	9	0-6	
10	ISBN	ANK	13	10	0-7	
11				11	0-4	
12				12	0-7	
13	空き	ANK	32	13	0-7	
14				14	0-7	
15				15	0-7	
16				16	0-7	
17				17	0-7	
18	書名・タイトル	混在	48	18	0-7	
19				19	0-7	
20				20	0-7	
21				21	0-7	
22	巻次・シリーズ	混在	16	22	0-7	
23				23	0-7	
24				24	0-7	
25	副書名	混在	32	25	0-7	
26				26	0-7	
27				27	0-7	
28				28	0-7	
29	多巻ものの書名	混在	32	29	0-7	
30				30	0-7	
31				31	0-7	
32				32	0-7	

No.	項目名	文字種	バイト数	ページ	アドレス	備考
		利用者ICカード				
1				1	0-7	
2				2	0-7	
3	自治体コード	ANK	5	3	0-4	
4	カード識別フラグ/利用No.	ANK	1+6	4	0-6	カード識別フラグ 's':資料 'u':利用者
5	登録館コード	ANK	4	5	0-3	
6				6	0-7	
7				7	0-7	
8				8	0-7	
9				9	0-7	
10	空き	ANK	80	10	0-7	
11				11	0-7	
12				12	0-7	
13				13	0-7	
14				14	0-7	
15				15	0-7	
16				16	0-7	
17				17	0-7	
18				18	0-7	
19				19	0-7	
20				20	0-7	
21				21	0-7	
22				22	0-7	
23	空き	ANK	128	23	0-7	
24				24	0-7	
25				25	0-7	
26				26	0-7	
27				27	0-7	
28				28	0-7	
29				29	0-7	
30				30	0-7	
31				31	0-7	
32				32	0-7	

4) 容量

①総 bytes　　　　　　320 バイト

②システム領域 bytes　　64 バイト

③ユーザ領域 bytes　　　256 バイト

5) 記録項目

タグの記録項目について

資料に貼り付ける IC タグにはとりあえず資料 ID が記録されていればよく、その他の情報は必要に応じて図書館システムのデータベースから取得すればよいのですが、笠間市立図書館ではローカル分類および書

▶ Chapter 2　図書館に IC タグを導入したら

名を記録しています。これは、蔵書点検機器（オフライン運用）に、誤配架検知機能（分類範囲を登録し、範囲外の分類を検知したときに書名等を表示する）を備える可能性を考慮してのことです。

　利用者カード（笠間市立図書館では「サービスカード」と呼称）も、仕様は資料に貼付するものと同一の IC カードです。貸出記録、資料 ID、利用履歴といったデータは、利用者のプライバシーを守る観点から利用者カードに一切記録すべきでないと考え、記録されている個別データは、利用者 ID のみです。なお、利用者 ID は、英字 2 桁＋数字 4 桁としています。これは、英字が種別など特定の意味をもっているわけではなく、単なる連番です。記憶が容易であるとの理由によるものです。

①表面　　　　　　　　　　裏面

②バーコード（CODE39）

(3) 資料装備

1) 図書

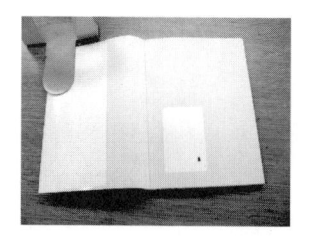

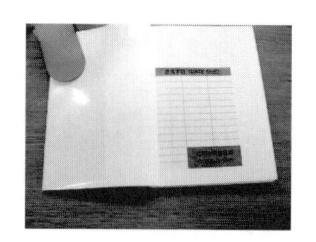

＊返却期限票が IC タグを隠蔽していますが、返却期限票そのものには IC タグとの技術的な関連性はありません。笠間市立図書館では、返却期限票を資料管理上きわめて有用なものとして採用しています。また、あえて目で見える位置に IC タグを貼っている理由ですが、IC タグが故障した場合にその貼り換えによって図書をいためることを避けるためです。このことを承知の上で図書本体に貼り、カバーをかけフィルムを貼るという選択もあり得ます。

2) CD および DVD

①  ②  ③ 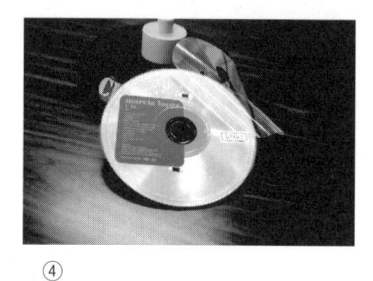 ④

▶56

▶ Chapter 2　図書館にICタグを導入したら

＊ICタグは、ディスクの番号シールのキーパーとしても機能します。タグは透明なので、ディスクの表示が隠れません。②③はディスクにタグを貼る際に使用する器具です。タグは材質が図書用のラミネートフィルムより硬く、②③の器具を用いることにより気泡が出ることなく容易に貼ることができます。

3) VHS

＊タグは透明なので、レーベルの表示が隠れません。

(4) ICタグの貼付とデータ書き込み

　開館前のICタグの貼付とデータ書き込みは、理想的には以下の手順で行うことが望ましいのですが、図書の購入はすでに2001年度から始まっており、「装備委託」段階でのICタグ貼付は、2003年度のみとなりました。

＊資料装備委託でタグ貼付⇒納入⇒データ書き込み⇒配架

　図書の受け入れは、新刊図書の購入のみならずいくつかのパターンがあったため、以下のような複数の流れで行いました。

1) 2001および2002年度購入図書

　　資料装備委託⇒納入⇒タグ貼付⇒配架⇒データ書き込み

2) 公民館図書室からの移管図書

　　配架状態でタグ貼付⇒移動⇒仮配架⇒データ書き込み⇒配架

3) 古書購入および寄贈図書

　自館装備⇒箱詰め⇒保管⇒開梱⇒データ書き込み⇒配架

4) 視聴覚資料

　資料装備委託⇒開梱⇒タグ貼付⇒データ書き込み⇒配架

5) 2004年度購入図書

　資料装備委託でタグ貼付⇒開梱⇒データ書き込み⇒配架

　配架後のデータ書き込みは当初想定していませんでしたが、クライアント機を台車に乗せ、これを移動させながらデータ書き込みすることで配架順を維持したまま作業を行うことができました。これはきわめて有効な方法で、既設館がICタグを導入する際にも利用できるものでしょう。

(5) データ書き込みのシステム処理

1) 図書

　整理手法

　新刊購入図書については、タグの貼付（データ書き込みを含まない）を含む装備委託およびローカル付のMARCデータを取り込んでいます。

▶ Chapter 2 図書館に IC タグを導入したら

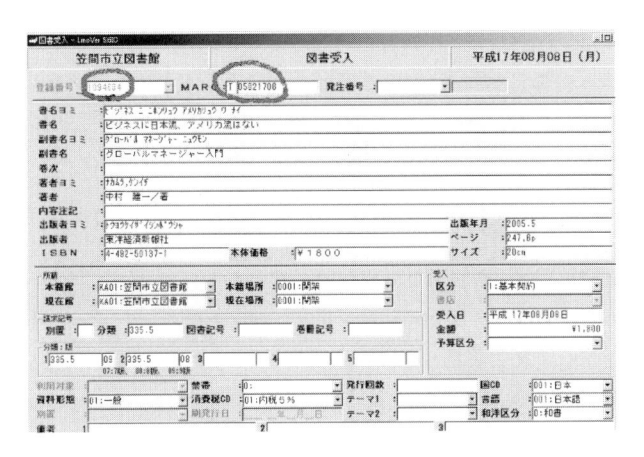

①装備済みの図書をリーダ／ライタにのせ、バーコードをスキャンする。
②書誌データおよびローカルデータが表示される。
③現物と照合し、更新のためのファンクションキーをクリックする。
④データが受入れに更新され、タグにデータが書き込まれる。
⑤この間1件10秒以下で処理可能。

2) 視聴覚資料

整理手法

視聴覚資料については、自館装備および MARC データの書誌のみ取

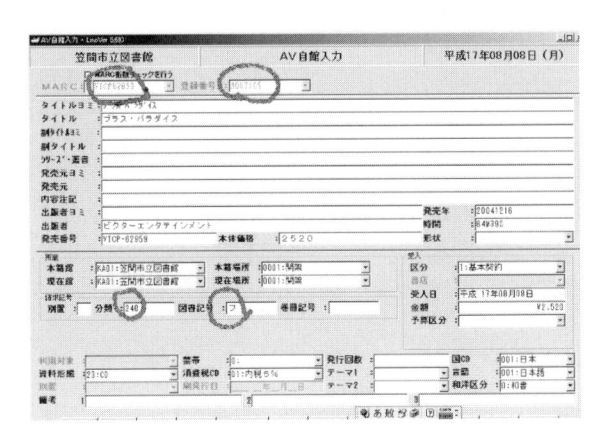

59◀

り込んでいます。
① 装備済みの資料とタグ（CDタグは、貼り直しが不可なので書き込み後に貼付する）をリーダ／ライタにのせ、MARC番号（商品番号に由来）を打鍵入力する。
② 書誌データが表示される。
③ 現物とデータを照合し、バーコードをスキャンする。
④ ローカルデータ（分類記号）を打鍵入力する。
⑤ 更新のためのファンクションキーをクリックする。
⑥ データが受入れに更新され、ローカルデータが登録されタグにデータが書き込まれる。
⑦ この間1件20秒以下で処理可能。

3) 雑誌

雑誌については、自館装備および自館入力ですが、書誌データを雑誌コードで特定後、バーコードをスキャンし、所蔵データを打鍵入力しています。

4. 導入後の評価

開館後1年半が経過しましたが、現時点ではICタグ導入について以下のように評価しています。

(1) 全般

システム全体は安定的に稼働しており、ICタグの故障率も想定（0.99%以下）内の0.52%であり、当館の大量の貸出を支えるツールとして十分に実用的と考えています。

(2) 自動貸出機について

自動貸出機については、当初「図書館サービスは、『ヒューマンインター

フェース』が基本であり、貸出・返却手続きは、有人カウンタでの対応を基本とする。自動貸出機については、銀行 ATM のように積極的に自動機に誘導して窓口要員を削減するという視点ではなく、自動貸出機を利用したい動機と能力を持つ方のみが使っていただければよい」と考え、あえて1台のみの導入としました。

しかし、開館後予想を超える利用があり、基本は有人サービスという位置付けは堅持しつつも、自動貸出機の数を複数とし、ある程度利用を誘導するのが現実的と考えるに至りました。

(3) 今後の課題
1) ネットワーク化

笠間市は 2006 年 3 月、友部町および岩間町との合併を予定しています。今後、既設館へ導入を図りネットワークでの IC タグの運用を実現していく中で、より IC タグの特性を生かした取り組みをしていきたいと考えています。

2) システムの標準化と拡張性

この技術は、図書館運営の効率化、利用者の利便性向上という点で大きな可能性をもっています。ばら色の幻想をいだくことなく、よりよいシステムの拡張と、標準化に向けて貢献していきたいと考えています。

導入に適した図書館

　ICタグ技術は、図書館運営に大きく貢献しうる技術ですが、すべての図書館が導入すべき技術とはいえないのではないでしょうか。一定規模以上の蔵書冊数・貸出冊数を持つことが導入条件であると考えます。

　例えば、蔵書冊数（収蔵能力）5万冊以下・年間貸出冊数10万冊以下の単館運営の図書館では必須の技術とはいえないと思います。資料の充実など、他に優先的に投資すべき対象があると考えます。また、ICタグは技術であり単なるツールであり、導入そのものが目的にはなりえないので、技術的特性を十分に理解し、導入の目的を明確にした上で検討することが必要です。

▶ Chapter 2 図書館に IC タグを導入したら

各館の導入事例

以下の事例のうち、執筆者が明示されていないものについては、本書の著者が当該館に取材してまとめたものです。

導入事例 1　九州大学附属図書館筑紫分館における IC タグシステム導入
－実験・運用経験からのアドバイス

1. はじめに

　九州大学附属図書館が IC タグシステムの研究を開始したきっかけは、1999 年に国立大学図書館協議会に東京大学、大阪大学、図書館情報大学、電気通信大学、そして九州大学からなる IC タグに関する懇談会が設立されたことです。2001 年には産学共同研究の一環として筑紫分館に IC タグシステムを試験導入し、翌年 2 月に本稼働を始めました。2004 年に新館に移設し、現在、自動書庫とも連携したシステムを運用しています。新館の収納可能冊数は最大 12 万冊程度（その約半分は自動書庫分）です。2005 年 3 月現在の蔵書数は約 5 万冊あり、そのうち約 27,000 冊に IC タグが貼付されています。

　本稿では、筑紫分館に導入された IC タグシステムと、この実験・運用から我々が学んだ、導入や運用に関する重要な留意点を紹介します。

2. IC タグシステム運用のポイント

（1）　IC タグの装備と記録データ

　筑紫分館では最も標準的である 13.56MHz の IC タグを貼付していま

す。タグの記憶容量は128バイトあり、資料IDのほか、ILL用に九州大学のJISコードを書き込んでいます。記憶容量には十分な余裕があるため、いずれそれを有効活用したいと考えています。

ICタグの貼付場所についても配慮しています。よく知られているように、タグ同士が近接して重なると、読み取り性能が大幅に低下します。その発生をできるだけ少なくするために、図書の高さの真中あたりにタグを貼付し、貼り位置の高さが一定にならないようにしています。

蔵書点検でのポータブルリーダによる作業では、背表紙からタグが遠いと読み落としの可能性が高くなります。筑紫分館では、図書の背側に寄せて貼付することで、できるだけ読み落としのないようにしています。

(2) 貸出・返却

貸出・返却作業の効率向上はICタグ導入の大きな目的です。バーコードによる自動貸出機では1冊ずつの処理となり、利用者はバーコードの位置を指定通りに揃える必要があります。また、貸出処理と磁気タグ処理という本質的に異なる処理を並行して行うことになりますが、ICタグでは台上のリーダに図書を置くだけで両方を同時に処理できます。

複数冊同時に処理できるとはいえ、資料が多くなると、ICタグの通信範囲の限界や相互干渉などにより、読み落としが生じやすくなります。筑紫分館の自動貸出機では5冊程度が限度です。読み落としの有無の確認は、現状では、利用者自身が目視で行う必要があります。この性能向上は将来の課題です。

自動返却の場合はさらなる注意が必要です。利用者が返却作業を行ったにもかかわらずシステム上は返却処理されていないケースが想定されます。貸出の場合と同様に返却確認のレシートを発行するとか、返却された図書は専用のブックトラックに置いてもらい職員が再度確認するな

どの対処法も考えられます。しかし、いずれも万全の対策とは言えません。これらのリスクを考慮した結果、筑紫分館では自動貸出だけにし、自動返却は適用を見送りました。

(3) 不正持ち出し防止

　不正持ち出し防止のためには、持ち出される図書に貼付されたICタグの中に、館内モードのものが1個でもあれば、入退館ゲートでそれを検出しなければなりません。筑紫分館では、車椅子の通行などのためにゲート幅を90cmは確保したかったのですが、検出精度との兼ね合いにより80cm程度となっています。いずれにせよ、ゲート1本につき、40〜50cmほど離れたタグに対して、100％近い性能で検出することは現在の技術ではきわめて困難です。

　リーダを何冊のタグ検出にチューニングするかという問題もあります。メーカの多くはアンチコリジョン機能による複数冊読み取り可能と宣伝していますが、実際の読み取り精度はまちまちです。1冊や2冊だと比較的読み落とすことは少なくても、多数だと読み落とす可能性が高まります。また、タグの方向に関する指向性の問題から、リーダが想定する向きに対し垂直に近いと、極端に読み取り精度が下がります。このような問題はICタグシステムの原理に深くかかわっているため、運用上の工夫が欠かせません。不正持ち出し防止ゲートだけに頼るのではなく、ゲートを図書館職員の目がすぐ届くところに設置する、カバンを持ち込ませない、防犯カメラと併用し心理的な抑止効果を高めるなどの工夫が考えられます。

　ICタグにはこのような問題もありますが、誤検出がないことや、不正持ち出しされようとした図書IDを指摘することができるなど、従来の磁気タグでは不可能な機能が実現できるという大きなメリットを持っ

ています。

(4) 蔵書点検

　ICタグは蔵書点検も大幅に高速化します。筑紫分館でポータブルリーダ2台による試行実験を行ったところ、約6,000冊を2時間程度で点検できました。この作業は読み落とし防止を意識して慎重に点検した結果であり、経験を重ねた図書館職員ならばもっと効率よく作業できるはずです。
　読み落としは、ここでも考慮すべき問題です。読み落としがないように注意しながら作業を行うことになります。ポータブルリーダでなぞった箇所を読んでいるとは限らない点も、電波を利用したICタグシステムの欠点と言えます。確実な検出が必要なときは、1冊ずつ点検すればよいです。このような個別処理であってもバーコードのように図書をすべて引き出す必要がなく、また、読み取り自体も高速であるため、数倍の速さで点検できます。1冊ずつの点検と、さっとなぞる点検を組み合わせることで、点検頻度を増やし、誤配架図書を減らすことができます。

3. 導入へのポイント

　導入の際一番問題となるのは、リーダを中心とする機器とICタグの貼付コストでしょう。新規館の場合は、すべて新たな導入となるため、ICタグの持つ多くのメリットを純粋に評価できます。それに対して、磁気タグなどの既存の設備をもった図書館の場合は、それらを廃棄して新たな設備を導入することになります。新規に受け入れる図書だけでなく受け入れ済みの図書にも遡及してタグを貼る必要もあります。筑紫分館は新設館であり、また比較的小規模の館だったので導入が容易でした。九州大学新キャンパスに開館したばかりの理系図書館は、数十万冊に及ぶ図書に遡及してICタグを貼付するコストが膨大なため、当初の

導入は見送られました。

4．まとめにかえて

　筑紫分館での導入・運用経験から、図書館におけるICタグシステムの最大の特長は、複数タグ同時読み取り機能であると言えます。さらに多くの資料を同時に精度よく、また、タグの向きによらず確実に読めるよう、さらなる技術開発をメーカに求めたいと考えています。

　以上述べてきたことから、既存館への導入にはメリットが少ないという印象を受けるかもしれません。しかし、ICタグ技術はユビキタス時代の核技術として精力的に研究が進められ、価格低下と性能向上が急激に進んでいます。また、運用上の工夫によってバーコードを代替できる十分な技術レベルに現在すでに到達しています。ICタグの持つ効率向上効果を評価して、まず導入してはいかがでしょうか。現在、九州大学附属図書館では、導入されたICタグを最大限に活用するために、インテリジェント書架などの利用法に関する研究を進めています。今後それらが実用化されることにより、ICタグは図書館の運営にとって必須になるのではないかと我々は期待しています。

　筑紫分館の実証実験では、運用上の問題点などを指摘し、メーカに改良してもらいました。今後導入する図書館はメーカの提案を鵜呑みにするのではなく、利用者の立場から要望を出し、実現する体制を是非作ってもらいたいものです。そのために、導入館の間で積極的に情報交換し、メーカへの要望の統一化や運用上の工夫の共有ができればと願っています。

（執筆）
　池田大輔（九州大学附属図書館研究開発室）
　宮岡大輔（九州大学附属図書館利用支援課）
　南　俊朗（九州大学附属図書館研究開発室、九州情報大学経営情報学部）

導入事例2　さいたま市桜図書館

　さいたま市は、2003年4月に政令指定都市となり、2005年4月に岩槻市と合併しました。現在は10区で構成され、図書館は合計で20館になりました。ICタグを導入したのは、2005年7月5日に開館した、一番新しい桜図書館です。

　桜図書館は、桜区役所、プラザウエスト（コミュニティ施設）との複合施設であり、概要は以下のとおりです。

　延床面積　2,976㎡（プラザウエスト内1・2階部分）

　収容可能冊数　開架 100,000冊　書庫 100,000冊

　1階：一般書・文庫・参考資料、貸出返却カウンタ、案内カウンタ、
　　　社会人室等

　2階：AV資料・雑誌新聞・児童書・ヤングアダルト（YA）図書、
　　　貸出返却カウンタ、児童カウンタ、イベントルーム、親子読み
　　　聞かせ室、調べ学習室等

　利用状況　一日平均約 3,500点

1. 導入経緯

　さいたま市の一部図書館では、タトルテープによる不正持ち出し防止のシステムを使用しています。新設される図書館（桜図書館）について、実用化の端緒についていたICタグによる資料管理を検討した結果、導入を決定しました。開館準備の一環として、資料購入を始めた段階（2003年度）では、CD/DVD本体へ貼付可能なICタグがありませんでした。すべての資料が一括で処理できないのでは、ICタグの導入意味合いが薄れるのではないかといった懸念があり、また13.56MHzの周波数帯の

ほかに、新たな周波数の実用化の可能性が出ていたため、次年度まで採用するICタグの決定を持ち越し、タグの開発状況を注視していました。

2004年7月、当時実用化されていたICタグの中から、CD/DVD本体へICタグを貼付でき、公共図書館への導入実績を持つメーカに決定し、9月より、すでに納品済みの図書・CD/DVDへのタグの貼付作業を開始しました。以降に納品されてくる資料には、タグを装備段階で貼付し、すでに納品された資料へは貼付作業を業者に委託しました。

2005年4月からは、新しい建物に移動しての開館準備となり、ICタグへのデータ書き込み作業を行いました。ICタグへの書き込みと同時に蔵書点検用のデータも取得するプログラム開発を電算システム業者に依頼し、開館準備の蔵書点検を兼ねて、資料1点ごとに書き込み作業を行いました。

2. 記録項目

〔資料番号・自治体コード・館コード・場所区分・ISBN〕

上記データとは別に、貸出済みか返却済みかを識別するコードを、ICタグのシステムエリアに持ち、返却済みの状態で出入り口のゲートを通過すると、警告音が鳴る仕組みとなっています。このコードは、貸出・返却処理ごとに書き換えています。

ICタグのデータ容量には余裕がありますが、書誌の登録は行っていません。また、貸出日・回数は、データ処理スピードが遅いため現在のところ書き込みをしていません。

3. 使用上の問題

① システム上の問題

市内20館（うち旧岩槻市の3館は合併後間もないため別システム）

のうち、ICタグ採用が1館のみという状況からくる難しさがあります(今後開館する図書館には導入予定)。

同一システムを使用している他の館はバーコード処理のため、システムの基本は当然バーコード対応です。画面、処理方法も、ICタグ専用に開発されたものではないため、使いにくい点があります。ICタグを利用しているのは、現時点では貸出・返却処理のみで、その他の処理で資料の登録番号を読み込む場合は、バーコードでの読み取りとなっています。今後は貸出・返却処理以外でもICタグを活用していく予定です。

図書館業務システムがWEB版のため、表示速度は制限されていまして、ICタグの早い処理能力を活かしきれていません。ICタグが内部的に早い処理を行っても、プログラム上の関係で表示速度が遅いため、あまり速いという印象を与えていません。今後のプログラム改善を電算システム業者に要求しています。

② ICタグ読み取り処理の信頼性

読み取り処理に不安定な場合があります。電波の持つ特性からの影響(近くに金属があって反応するとか)と想定されますが、10点の資料を重ね合わせた時に、何点か読み抜ける場合があります。そのような時には、資料の位置を変えて読み取り直したり、5点以内に分け2回処理するという工夫をしています。

③ タグの破損の問題

ICタグが破損して、読み取りが不可能になるケースが出てきています。ソフトカバー等の文庫本で、アンテナとICチップとの接点が破損するケースが見られます。

4. 自動貸出機

自動貸出機は5台導入し、1階に3台、2階に2台を設置しています

▶ Chapter 2　図書館に IC タグを導入したら

(写真)。開館して1か月間の稼働率は、平均して貸出点数の50％程度で、多い日には60％を超えています。ICタグの導入目的の1つである貸出作業の省力化が達成できたといえます。

　利用者が多くの資料を持って貸出処理をする時に、読み抜けが起きる場合があります。利用者はディスプレイ上に表示される案内に従って、資料の置き方を変えたり、2回に分けて処理を行う工夫を凝らしています。

　なお、自動貸出機の操作方法については、さいたま市図書館のホームページで紹介しているので、興味のある方はご覧ください。(www.lib.city.saitama.jp/topics/topics01_06.html#04)

自動貸出機（1階）

導入事例3　佐倉市立図書館

　江戸時代の後期には「東の佐倉、西の長崎」と呼ばれるくらいに蘭学が盛んであった千葉県北部、都心から40kmにある佐倉市は、新東京国際空港（成田空港）から15kmに位置し、市北部には印旛沼が広がっているところにあります。所帯数で約65,000所帯、人口規模で約175,000人を数えています。東京のベッドタウンとして人口は増え続けてきましたが、最近は、やや鈍化の傾向にあります。

　佐倉市の図書館は、佐倉、志津、佐倉南の3館、分館として志津図書館志津分館、臼井公民館図書室の2館、北志津児童センター図書室が1館、移動図書館が1台、全体蔵書数で約700,000冊、視聴覚資料を約20,000点近く所蔵しています。

1. 志津図書館での導入

　志津図書館は1995年にオープンし、現在、約250,000冊の蔵書を持っています。2002年に不明本対策からICタグシステムの導入を進めました。市内図書館の中では、最も利用が多く、年間不明本が4,000冊近く発生していたことから志津図書館が候補になりました。既設館で貼付日程に制約のあることと予算上の点から、2002年度には約65,000冊の書籍にICタグ貼付を行い、以降2003年度に約85,000冊、2004年に約90,000冊と続けてきました。貼付作業は装備業者に依頼し、不明本対策としてセキュリティゲート（2通路式）を1台導入し、今日に至っています。2005年12月からは据置式のリーダ／ライタを6台、自動貸出機を1台設置し、貸出・返却処理を行う予定になっています。

　これまでのICタグ貼付および装備、リーダ／ライタ5台、セキュリ

ティゲート費用でおよそ約 4000 万円がかかっています。導入以前には不明本が 1.9％でしたが、0.7％（IC タグ貼付が蔵書の 3 分の 2 になった段階での数字）に減少しており、導入の効果は上がっていますが、費用対効果という面からの評価は難しいことから、他の図書館への導入については検討を重ねている段階です。

2. 苦労した点と課題

　IC タグ貼付・データ入力作業は蔵書点検期間に合わせて行い、期間中、図書館職員（臨時職員を含めて 30 人程度）、装備業者やシステムベンダが出たり入ったりして合計 60 〜 70 人にもなり、図書館内は大変な混雑状況となりました。

　段階的に IC タグ貼り付けをしたために、初年度には閉架本、2 年度目には一般書、3 年度目には児童書と大枠で決めて進めていきましたが、貼り付けした本としない本との区分けが大変で苦労しました。

　設置したセキュリティゲートのアラームを人に優しい音に変えたところ、ゲート音が鳴っても素通りしていく人が、当初、意外と多くて困った時期もありました。

　IC チップ内に登録したデータは所蔵コードと貸出フラグのみとし、シンプルなファイルレイアウトとしています。

　本に貼り付けた後に IC タグ不良が発生した場合は、特殊溶剤を使って IC タグをはがして新しいタグを貼るという交換作業を行いますが、これは装備業者に依頼しています。この作業を図書館が行うか、IC タグの納品業者が行うか、装備委託等の仕様に含めるかを、図書館としてきちんと事前に考えて必要な契約をしておく必要があります。

3. ベンダに期待する

　現段階では不正持ち出しチェックしかしていないために、課題らしきものはまだとりたててていないのですが、ICチップの規格については問題視しています。提供する会社が採用しているICチップによって、導入するリーダ／ライタが制限を受けるという点です。今後考えられる相互貸借時の対応とか、よりよいICタグやチップが開発されてもチップとリーダ／ライタの関係で対応できないとか、図書館にとって不都合なことが散見されるからです。今年12月に貸出・返却システムの運用を開始しますが、ICタグを提供する各ベンダに対しては、互換性や規格を意識した上での提供を強く望んでいます。

▶ Chapter 2 図書館にICタグを導入したら

導入事例4 (財) 吉田秀雄記念事業財団アド・ミュージアム東京 広告図書館

1. アド・ミュージアム東京広告図書館とは

　アド・ミュージアム東京広告図書館は、東京の再開発地として注目を集めている汐留地区のビル内に、2002年末に開設された広告を収集・展示する機能を併せ持つ図書館です。それまでの名称であった広告図書館時代を含めると40年の歴史を持っています。

　広告図書館は、電通の4代目社長であった吉田秀雄氏の広告界に残した多大な業績をたたえて、没後に設立された記念財団によって運営されており、数回の引越しを経て現在の汐留地区に至りました。

図書館館内

2. ICタグ導入の経緯

　汐留へ移転するまで、図書館は銀座にありました。開館から数十年を経た結果、関係者にしか知られない専門図書館でも利用者が増加し、それに伴い資料の紛失に悩まされるようになっていました。対策として貸

出を実施してみましたが、紛失の減少には至らず、逆に、督促事務が生じ、貸出・閲覧を両立させるための複本整備や禁帯出指定など、業務量の面でのマイナス面が目立ちました。

　もちろん、この時点でタトルテープを利用した不正持ち出し防止装置（BDS）の導入も検討されていましたが、ビル内の1室でゲートを設置する空間的余裕がなかったことなどから、必要性は理解されたものの設置には至りませんでした。

　それが、このたびのアド・ミュージアム東京の開設に伴い、図書館部分の設計も一からということになりましたから、BDS装置の導入を再検討したのは当然の成り行きでした。ただし、時代はちょうどICタグの黎明期にあたっていたため、九州大学の導入実験の情報がきっかけになり、いっそICタグではどうかということになって、専門図書館としては日本初のICタグ導入につながりました。

　初期の導入であったため、ICタグの単価も現在のタグの2倍近い価格ではありましたが、蔵書数が当時13,000冊と多くはなかったこと、高価とはいってもミュージアム建設全体から考えれば検討に値する金額内であったことが導入できた理由でした。

3. 現在の状況

　その後蔵書も増え、現在では16,000冊の蔵書となっています。新設された図書館ではあっても以前に比べ床面積はそれほど増えたわけではなく、複写コーナーや閲覧席を充実させたため、以前に比べ書架の量は減少しています。このため、図書館以外に地下の書庫、外部のトランクルームと、3か所に資料が分散される形になってしまいました。

　専門図書館ですので雑誌の所蔵も多いのですが、これらは製本されて保存され上記の冊数に含まれています。製本後にICタグを付与してい

ますから、未製本状態の雑誌には付与していませんでした。しかしながら汐留開館後数か月を経た頃から、雑誌の亡失が散見されるようになったため、現在は透明カバーにICタグをつけたものを被せるようにしています。このICタグ付きのカバーは翌年の雑誌にも使い回しします。

4. ICタグの用途

　第一の用途は、不正持ち出し防止機能です。ミュージアム機能が併設されたため、これまでの専門的な調査目的以外の来客も多くなり、このような機能による監視がないと、混雑する中でのレファレンス対応への専念などは困難な状態になっています。

　第二の用途は、蔵書管理機能です。この図書館は蔵書点検のための休館を設けていないことや長く職員が1名であったこと（現在は3名）などから、曝書を行ったことがありません。したがってICタグ導入以前の作業量と比較してどれほど能率があがったかはわかりませんが、1分間に100冊を読み込む速度で行うのが、この図書館のICタグの場合、最も効率がよいということがわかりました。

　三番目は貸出管理です。亡失対策として館外貸出制度を導入してみたものの、ほとんど効果がなく副作用が大きかった反省から、この地に移るに際して貸出をやめました。しかしながら、貸出システムは館内の複写コーナーへの資料の持ち出しに活用しており、どのような資料がよく利用されているのかの記録ともなるため、重宝しています。

5. 読み取りの状態

　棚上の資料のICタグを読み取る速度を速くしすぎると、読み込みもれが多数発生します。ICタグ導入後さまざまに読み取りを行う中で、どのような状態であればうまく読めるのかのノウハウも蓄積されてきま

した。その結果が上記の 100 冊／分の速度です。もちろん、読みにくいものは 2 度読みする、書架の端はあける、横積みの本は少し棚から引き出す等の細かな対応も含めてのことです。

　この図書館の書架は木製ですが、これは IC タグの装着を考慮したためのものではなく、ミュージアム全体のデザインから定められたものです。このことも読み取り速度に貢献しているかもしれませんが、奥にある電動書架はスチール製で、その部分を読む場合も木製書架との違いは感じていません。

　読み取りに影響を及ぼしたのは、この図書館がこれまで使用していたスチール製のブックエンドです。このため、プラスチック製のものに変更しましたが、厚さや強さの点であまり望ましくないようです。スチール製のブックエンドでも、穴あきタイプのものであればかなり読めるそうですので、ワイアータイプのものであれば問題なさそうです。

　IC タグは薄い資料を苦手としていますが、以下の写真にあるような資料ならば問題なく読み取れます。意外に読み取りにくかったのが、『コピー年鑑』のような厚手の同型の本が続いて並んでいる書架ですが、こ

薄い本

れは実践してみないと気づきにくいことです。

6. 苦労している点

　ICタグへの情報の書き込みに伴うラベル印刷が面倒です。この書き込みは屏風だたみの単票をプリンタで印刷するイメージを思い浮かべてください。ICタグを収めたラベルは、ミシン目のついた用紙に貼られた形で納められています。ところどころ検査を通過できなかったICタグのラベルがはがされて納品されますが、プリンタはこれを感知して次のラベルに移ってくれますので、これはとくに問題ではありません。

　コンピュータ導入当初に、かつて多くの図書館員が感じたのと同じようなこと、すなわち、思ったよりは操作が込み入っており、専任でそれだけを行っているなら多分容易なことでしょうが、時折使用するとなるとマニュアルを一々再読したり、用法を尋ねたりして使わなければならない面倒さは感じています。

　これは図書館の規模と広さも影響しています。新着冊数の規模から常時タグへの書き込みを行うわけではなく、広さの点から書き込み用プリンタを常時設置しておけるわけでもないということが、上記の面倒さに拍車をかけています。つまり忘れた頃に、わざわざ出してきて電源や情報コードを接続し、シートの位置決めをして装着するといった手間です。このシートの位置決めなどという些細なこともけっこう重要です。ICタグの価格を考えると失敗したものを簡単に捨てるわけにはいきません。

7. 想定外の重宝なところ

　この図書館では、財団の助成を受けた研究報告書を製本して提供しています。こうした資料は、タイトルが似通っている上に長く、同じよう

研究報告

な請求記号を持つため、特定資料を探そうとすると手間がかかります。このような時、IDを入力したノートパソコンとポータブルリーダのセットで書架を走査することで探せるのが便利なところです。

　このICタグには所在架コード欄が設定されています。データベース内にのみ、こうした情報を持っている方式と比較すると一長一短がありますが、データベースから切り離された状態でも誤配架に対応できることから、便利な使い方も考えられます。
　「ICタグを導入するぞ」と肩肘張って入れたというより、BDS機能を導入したら便利な機能がいくつか付属していた、といったような自然体の感覚でいます。

Chapter 3　図書館と IC タグのこれから

なぜ今、注目されている？

流通の合理化

　IC タグの基本技術は無線を用いた識別であり、すでに述べたように、それ自体はずっと以前から存在している技術です。ただし、近年に至り IC チップが小型化し同時に低コストで生産できるようになり、バーコードに取って代わるという目標が実現可能な状況になってきたことが底流にあります。

　バーコードでは、梱包財につつまれた中身を読むことはできませんし、移動中のものは読めません。また、同時に複数のバーコードを読むということもできません。また、収納できるデータ量も小さなものです。このため、より一層の物流の合理化には、上で述べたような性質を備えた識別コードの媒体（データ・キャリア）が必要になります。データ容量の解決には二次元バーコードという選択肢もありますが、その他の要件を考慮すると、本命は IC タグとなります。

　こうした流通合理化の検討や実施は世界中で行われていますが、特に熱心なのは米国です。米国では流通途上の紛失が多いとされ、検討を後押しする動機となっているようです。

識別コードの統合

　現在の物流はコンピュータにより管理されますが、コンピュータと現実の物品とを結びつけるもの、コンピュータ内の情報にとっては呼び出しキーにあたるもので、現実の物品にとってはその内容を体現する識別コード、これが流通の要になります。よく、交通や物流の手段が進化するにつれ世界が狭くなっている、という表現が用いられます。これまで行き来のなかった地域同士の間に連携が発生すれば、その間での交通や流通の管理方法が共通化される必要性が高まります。今の時期は、識別コードを保管する媒体がバーコードからICタグに移ろうとし始めた時期です。このため、我々は、つい大きな外面的な変化に目がいき、ICタグという媒体にのみ注意を向けがちですが、実は、ICタグやバーコードにより運ばれている識別コード自体も、世界が狭くなることによる統合の波にはさらされているのです。

EAN、UCC から GS1 へ

　欧州で通用している流通識別コード規格は、国際EAN協会が定めるEuropean Article Numberです。Europeanと冠称していますが、現在では世界的になっており、EAN規格に準拠している日本の統一商品コードであるJAN（Japanese Article Number）コードも、北米を除く世界で通用します。北米については、1973年にアメリカ、カナダを対象として制定された統一商品コードの草分けであるUPC（Universal Product Code）という規格が、Uniform Code Council Inc.（UCC）により管理されています。

　2002年には、このUCCが国際EAN協会に加盟することで、統一化が進められていましたが、両機関は2005年当初にGS1（Global Standard 1）という機関名で統合され、この組織の役割とカバーする範

囲を明確にしています。

ISBN も統合

　もちろん、両協会が管理する商品識別コードの統合については、以前から検討もされ、順次実施もされています。

　図書館界にとって最も身近な識別コードである ISBN の 13 桁化も、単なる桁数不足に対する拡張ではなく、このような統合の一部です。EAN コードに吸収されたと考えるとわかりやすいでしょう。よく、自治体統合で、各図書館の ID の頭に地域番号を付加して、重なった ID も使用できるようにすればという議論を聞きますが、これと同じで、頭の「978」は EAN コード全体の中で、以下のコードが ISBN であることを示してしています。桁数の不足は新たに「979」も ISBN コードであると定義することで解消されます。全体が EAN の規則に従いますから、チェックデジットの計算方法も 13 桁コードでは変更されました。

情報処理基盤

　識別コードを合理化し、そのキャリアをバーコードから IC タグへと高性能化してみても、それだけでは流通の効率化は果たせません。図書館間での資料の貸借を考えてみてください。仮にバーコードから IC タグに変わり、資料を異なるシステム間で完全個別化（この点については後述します）できる時期になっても、他館から借りた資料の目録データをどのようにして自館のシステムに取り込むかは依然として課題です。

　現行の流通においても、製造者が管理のために作成しているデータと卸売業者が作成するそれと、小売業者の持つデータとは各々異なっており、共通性がないのが普通です。これらのデータ間で共通化をはかることがなければ流通合理化は果たせません。この概念を GS1 では、Global

Data Synchronization と呼んでいます。これを図書館に置き換えて考えれば、図書館業務システム間のデータ流通が合わせて考えられなければ効果は十分に現れない、ということになります。

EPC グローバル

　1999 年、マサチューセッツ工科大学（MIT）に Auto-ID センターが設立され、IC タグを使った次世代バーコードシステムの開発を開始しています。このプロジェクトには、MIT のほかに慶應義塾大学など世界の 6 大学が参加し、検討を進めていました。2003 年 9 月に開かれた国際 EAN 協会の総会で EAN、UCC 共同で EPC（Electronic Product Code）グローバルという組織を設置し、RFID 技術の実用化に向けて活動することになったため、Auto-ID センターは Auto-ID ラボと改称して、EPC グローバルの下で研究を進めることになりました。米国ウォルマートなど物流の大手は、この EPC グローバルが定めた識別コード体系を採用して IC タグ事業を進めています。

2005 年は国際物流における IC タグ元年

　EPC グローバルの日本における代表機関であり、JAN コードの管理機関である流通システム開発センターが想定する IC タグ普及のロードマップでは、2005 年から 2006 年前半を立ち上がり期、2006 年後半から 2009 年を導入期、2010 年からを普及・発展期と考えています。

　2003 年から試験導入を行っていた米国のウォルマートが、2005 年 1 月からトップ 100 納入業者（実際には 130 社がすでに対応とのこと）によるタグ付きパレットの本格導入を行いました。同社は 2006 年 1 月までにさらに 200 社の参加を見込んでいます。米国防総省も同年 1 月から導入を開始しました。その他、ドイツのメトロ、イギリスのテスコ、フ

▶ Chapter 3 図書館とICタグのこれから

ランスのカルフールといった大手の小売業者が2004年末〜2006年の導入を計画・実施しています。後述するEPCグローバルによるUHF Generation-2規格の採択などを考え合わせ、2005年はUHF帯タグによるICタグ元年と言われています。

「電子タグ実証実験」とは？

経済産業省の方針

2004年度末に東京都立中央図書館と品川区立大崎図書館でICタグの実証実験が行われ、図書館関係者や関係業界の注目を集めました。この実験は経済産業省が行っているものです。同省は、流通の効率化から生まれる産業の国際競争力の強化をめざして、ICタグの標準化とその低価格化を二大目標に政策を組み立てています。

流通の効率化、国際競争力といえば、UHF帯のICタグが主役ですので、実証実験もUHF帯が中心に組み立てられています。

標準化には、商品コードの標準化と技術的な規格（通信プロトコル）の標準化がありますが、いずれも基幹の部分は国際的に定まるべきものです。このうち、商品コードについてはEPCグローバルの主導で決まっていくという見通しです。また、技術的な規格については2004年12月に規格「UHF Generation-2」（Gen-2）がEPCグローバルで採択されたことにより、複数あったUHF帯対応規格が一本化されたと評価されています。

響プロジェクト

ICタグの低価格化計画として経済産業省は、国際標準タグを低価格

で提供することを目標とする「響プロジェクト」を 2004 年度から 2 か年の計画で実施しています。「1 つ 5 円の国際標準電子タグ」として有名ですが、低価格化のため規格上は前記 Gen-2 のサブセットになり、標準化と低価格化のどちらに重点をおくかの岐路にあるという報道もあります。

2003 年度の実証実験

「電子タグ実証実験事業」の初年度は、2003 年 12 月から 2004 年 5 月にかけて IC タグ実用化を想定した実験として行われました。出版業界は、家電、アパレル、食品流通の各業界とともに、実験初年度から参加しています。UHF 帯の IC タグの基本的な読み取り性能などを検証しており、他の周波数帯 (13.56MHz、2.45GHz) との比較も行われています。ちなみにこの年度の実験には図書館は参加していません。

2004 年度の実証実験

前年度に引き続き行われた 2004 年度の実証実験では、実際の物流業務で IC タグを活用し、業務の効率化につながるかどうかの検証を行いました。新たに、建設機器、医薬品、物流、レコード業界が実験に加わり、前年度から引き続き参加している、家電、アパレルとともに出版業界も参加して 7 業界での実験です。

この年度の実験は UHF 帯の IC タグに限定したことと「商品流通の川上から川下まで垂直的に複数の業界団体が組んで実証実験実施主体となる場合は、なお望ましい」という公募審査基準に見られるように、垂直統合による業務効率化を UHF 帯の IC タグで検証という性格の強いものです。

出版業界では、書店のほかに、古書店、図書館が書店よりさらに川下

という位置づけで実験に参加しました。

　ただし、実際の実験では、書籍への IC タグの装着方法といった基礎的な検証にも力点が置かれており、表紙を接着するための熱や断裁時の圧力など、IC タグに悪影響を及ぼす製本機械を経由しても、破損率が 1％を超えない IC タグがあったなど、の成果が報告されています。

　図書館での実証実験について言えば、すでに 13.56MHz 帯で実用化されている図書館業務について、図書館用に作られたものではない UHF 帯のタグやアンテナなどを用いて、同様に処理が可能かを確認することにとどまった感があります。

　なお、品川区立大崎図書館での実験は公開されませんでしたが、都立中央図書館での実験は一般公開されています。2005 年 3 月 10 日、11 日の両日、配架状況を監視するシステム、貸出返却処理、セキュリティゲートの実験が行われ、全国の図書館や関係企業から 300 人を超える見学者がありました。見学者のいる場では厳密な実験は困難で、デモ色の強い公開実験でしたが、両日での読み取り精度の相違など IC タグ利用での調整の重要性を示唆するものでした。

　図書館ワーキンググループの図書館側委員は、実務に即した知見を得るために、かなり細かな実験仕様を提案しています。例えば、他の図書館の所蔵図書を、借り受け先の図書館で貸し出す場合の貸出手続き済みという状態をどのように表現するのがよいか、といったようなことも検討の対象でした。しかしながら、図書館で実務的に使える機器が UHF 帯の場合まだないこと、電波を自由に出すことができないことなど、実質的に実務といえる環境での実験はまだ困難で、適切な実験ができなかったため、報告書にも記載されていません。

2005年度の実証実験

　2005年度「電子タグ実証実験事業」は、6月24日を第1期公募締め切りとして募集が行われました。実験のテーマは、(1)産業構造改革・行革推進型プロジェクト、(2)新産業創造型プロジェクト、(3)産業間連携型プロジェクト、(4)国際連携型プロジェクトの4つとなっています。出版業界はレコード業界と共同で応募し、8月11日採択されました。

　産業間連携型プロジェクトは、垂直的な業界の壁を超えて水平的に組んでICタグの共通基盤を構築し、業界の壁を超えた連携の促進に資することを目的としています。

　図書館の現場においても、図書や雑誌だけではなく、CD、カセットテープ、ビデオテープ、DVDなどの多様な媒体を、同一の仕組みで貸し借りなどの管理ができなければ、そのシステムには実用性がありません。2004年度の縦の連携から、次いで横の連携を実証実験の目的とするのは当然の進展です。

出版界でのICタグは？

実証実験における出版界

　すでに見てきましたように、出版界は経済産業省の「電子タグ実証実験事業」に当初から参加し続けている、ICタグの導入に向けて積極的に活動している業界です。出版界は、図書の出版の時点であらかじめICタグを装着していること（ソースタギング）を目指しています。このような業界の取組みをまとめ、具体的な事業として進めているのは、日本出版インフラセンター（以下JPO、http://www.jpo.or.jp）という組織です。JPOは2002年4月に、次のような出版業界の5団体が

▶ Chapter 3　図書館とICタグのこれから

基金を拠出して設立されました。日本書籍出版協会（書協）、日本雑誌協会（雑協）、日本出版取次協会（取協）、日本書店商業組合連合会（日書連）、日本図書館協会（日図協）です。日図協が加わっていることにご注目ください。設立の目的は英文団体名称である Japan Publishing Organization for Information Infrastructure Development が示すように、出版情報システムの基盤整備にあります。

傘下の委員会など

　JPO の役割として出版物流通のためのデータを整備することが大きな課題ですので、バーコードに代わる流通管理の鍵となる IC タグを研究する IC タグ研究委員会が設置され実証実験の実行を担っているわけですが、そのほかに見逃せないのが、日本図書コード管理センターを統合していることです。ご存知のように、日本図書コード管理センターは日本での ISBN 付与を管理している機関です。

　IC タグの中に何を書き込むべきかについては、議論のあるところですが、バーコードを代替するもの、次世代バーコードであることから、識別コードのみを書き込むことを中心に考えられています。この点では、IC タグについての考え方を主導している二大センターである、Auto-ID センター、ユビキタス ID センターの両者が一致しています。内蔵する情報を識別コードのみとすることは、プライバシーなどを含むセキュリティの面およびシステムを構築・改変する際の柔軟性の面から望ましいからです。

　さて、出版の世界で重要な識別コードというと、すぐ思い浮かぶのは ISBN です。個体識別コードは、「製造者＋製品名＋製品別個体番号」として考えられていますから、「製造者＋製品名＝ ISBN」である出版業界の場合、これを管理する機関が IC タグの検討の中心になることは、

歓迎すべきことです。

IC タグ研究委員会傘下のワーキンググループ

　IC タグ研究委員会の下に、2003 年度の実験に際しては、装着部会、タグ・リーダ／ライタ部会、システム・ネットワーク部会といった初年度らしく技術対応を行う部会が作られていますが、2004 年度になると、装着、利活用というワーキンググループにまとめられました。装着ワーキンググループは文字通り、IC タグの図書への装着を検討します。印刷・製本の工程の中で自動的に IC タグを図書中に装備していけなければ、ソースタギングは実現しません。利活用ワーキンググループは IC タグによる商品流通の合理化がどのように実現できるかを検討するグループです。

　図書館関係で重要なのは、2004 年度の実験では、前記の２つのワーキンググループに加え、「図書館ワーキンググループ」が設けられたことです。このワーキンググループは日本図書館協会事務局長をグループ長とし、公共図書館、大学図書館からの委員のほか、出版社、取次、書店等からも委員が参加しています。

　2005 年春には「標準化ワーキンググループ」が新たに設けられ、出版業界内での標準コードおよびプライバシー問題の検討を行うこととなりました。このワーキンググループにも日本図書館協会からの委員として、大学図書館、公共図書館から各１名の委員が参加しています。

出版界が求める IC タグ

　出版界で IC タグが注目されるきっかけは、書店における万引き防止です。2002 年の経済産業省の調査で、１店平均 210 万円、書店の売上の１～2％に匹敵する額の被害が出ている、とされた万引きに対しては、

▶ Chapter 3　図書館とICタグのこれから

キャンペーンをはじめ、さまざまな対策が業界から打ち出されていますが、ICタグは抜本的な対策として期待されています。

　もちろんICタグについての検討が進むにつれ、それ以外のさまざまな導入メリットも語られるようになりました。現在、導入目的としては、万引き防止、商品流通管理の適正化・効率化、読者ニーズ把握に要する高度マーケティング手法の確立、不正流通防止の仕組みなどがあげられています。

　流通管理は、通常、どの業界でもICタグ導入の主目的です。特に出版界では注文図書の流通に時間がかかる、処理状況が不明確である、が大きな問題点となっており、インターネット販売との競合策としても対策を打ち出す必要性は明らかです。不正流通防止には、買い切り図書と委託販売図書が混ざってしまうことへの対応策という面が大きいと思われます。

　さて、これらの導入目的の中で、図書館でのICタグの使用と近いものとして、古書店への持ち込み図書が、正規の販売手続きを経たものであるか否かを確認するための手段としてICタグを用いる、ということも語られています。

　出版タグは、製本段階でICタグを組み込んでしまい、その後、出版物の流通過程での管理に用いられ、販売手続きを経て書店から外に出る段階で、流通管理としての役割を終えます。他の業界でも、どのような商品を好むかを店に入ってきた客の身についたICタグ（例えば洋服のタグ、靴のタグなど）で読み取ることができれば、販売促進につながるなどといった見解が、ICタグ関連で語られていることがあります。

　けれども、プライバシーの問題を考慮すると、販売の時点でICタグの効力をなくすことや取り外すことが、ICタグ利用の原則になると思われます。と言いますのは、ICタグを推進する立場の機関には、プラ

イバシー問題にきちんと対応しておかないと、これが普及の足かせになるという懸念が強くあるからです。総務省と経済産業省が2005年6月8日に共同で発表した「電子タグ（ICタグ）に関するプライバシー保護ガイドライン」でも、このガイドラインの柱の1つとして「ICタグを無効にする方法を消費者に知らせること」が規定されています。

販売後も所有者の意思でICタグを付けておいてもらうために、何らかの特典を与えるなどの方策も各業界によって考慮されているようですが、特に万引き品の持ち込みといった場合には、持ち込む側が意識して取り外す等を行うことは自明ですので、このような用途に使えるようにするには相当の工夫が要りそうです。

このように、実証実験において、出版界の最下流という位置付けをされていた図書館と古書店ですが、新刊販売流通の世界とはかなり異なっている点も明らかです。図書館においては資料が存在し続けているのにICタグを除去する、無効化するという事態はありません。古書店での流通をICタグで監視するという発想も、書店で販売後もICタグが有効であるという前提がないと意味がありません。

図書館が求めるICタグ

図書館において使用するICタグにはどのような条件が求められるのでしょうか。

求められる特性を考えるためには、図書館での利用の特質を考えなければなりません。図書館では、資料を長期にわたり保存し利用します。また、不特定多数の利用者が繰り返し貸出などで利用します。返却用ブックポストなどで衝撃や荷重にさらされることもあります。

このため、ICタグに求められる条件として長期の使用に耐えられることが必要になります。これには物理的にこわれにくいことだけではな

▶ Chapter 3　図書館とICタグのこれから

く、回数を重ねる書き換えに対応できるということも含まれます。

次に、寿命が十分長かったとしても、数多いICタグの中には破損するものも当然想定できますから、貼り替えに対応できる必要があります。貼り替えには、資料本体に損傷を与えず除去できることのほか、要件として容易な情報の転移も含まれます。

また、容易にICタグの記録内容（正規の貸出手続きを経ているなど）を書き換えられないような制限をかけられることが必要なことも明らかです。

最後に、先に記述しましたように、一般の流通用タグの場合、購買者によりICタグを取り外せること、あるいは無効化できることが、プライバシー保護対策の最も主要な対策とされている感があります。これに対して、図書館では取り外しや無効化以外のプライバシー保護対策を考慮する必要があります。

出版タグの図書館での利用

EPCグローバルでの識別コードは、バージョン番号と呼ばれるHeader、製造者を示すEPC Manager Number、商品を示すObject Class、個体を示すSerialの4項目からなっています。出版の場合、製造者は出版社、商品はタイトルですので、この両者は合わせてISBNに相当することになります。したがって、出版界は、ICタグに収録する識別コードとして、ISBNのようなタイトルを識別するコードと、同一タイトル内での個体識別コード（シリアル番号）を収録することになります。

ISBNだけでは複本などの個別化ができないため、所蔵の管理ができません。このため、各図書館は独自のバーコードを管理用に貼っているわけですが、ISBNに加えて同一タイトル内シリアル番号がついてくれ

ば、このコードで自治体内や大学内だけでなく、国内でのこの個体図書の完全個別化ができることになります。したがって、今後、図書館が新刊を処理する場合、このようなICタグが出版段階で貼付されていれば個々の図書館でバーコードを貼付する必要は原理的になくなります。また、多くの図書館では委託先でセットされた状態で納品されるためあまり意識されていないようですが、書誌情報と現物との紐付けも容易になります。

ソースタギングされるICタグのコストは価格に含まれるでしょうから、これを利用することは図書館としても無駄を省くことになります。先に述べたように、図書館の場合、出版界とはICタグに求める機能が異なるので、出版タグをそのままの利用することには難しい面もあります。しかし、例えば、公共図書館における雑誌など短期の保存が普通であるようなものについては、ICタグを導入している図書館でも1つのタグを使い回ししている例があります。このような場合には、そのまま出版タグが利用できれば、それに越したことはないわけです。また、長期利用などの観点から図書館仕様のタグを用いる場合でも、少なくとも出版タグにある識別コードを移すといった形で利用することも考えられます。

標準化委員会での検討

ICタグ研究委員会傘下の標準化ワーキンググループは、その活動内容として、ICタグに書き込む内容について国際標準化を目指す体系案に出版界各機関が利用できるコードを加味して標準化をはかること、また、プライバシーについては、総務省・経済産業省の保護ガイドラインの具体化をはかること、をあげています。また、これらについて隣接する業界団体との情報共有化をはかるとも述べています。

▶ Chapter 3　図書館とICタグのこれから

　図書館で扱う資料は書籍、雑誌のみではありません。視聴覚資料や電子資料も統一的に管理することを考慮すると、単に出版界のみならず、隣接業界とのコードの統一化が重要な課題になります。書店もCDや文具などを扱っている例が多くありますので、出版界もその必要性は十分認識しています。

　また、流通システム開発センターや電子商取引推進協議会、Auto-IDラボJapanといったICタグの標準化・普及推進団体にも出席を依頼しており、上位のコード構成が必ずしも十分に固まっていない段階で、上位の動向を意識しながらのコードの検討を迫られている状況を示しています。

　なお、このワーキンググループは将来、日本図書コード管理センターに吸収される予定となっています。

UHF帯のICタグをどう考える？

ICタグの帯域

　すでに述べたように、図書館はICタグを先進的に使用している業界ですが、使用帯域で言えばほとんど13.56MHz帯のICタグです。これに対して、現在注目を集めているのは物流の世界でのUHF帯のICタグであり、出版界がターゲットと考え、実証実験で主として対象となっているのはUHF帯だというギャップがあります。図書館界では、今後どちらを導入すべきか、あるいはどちらであればいつから導入できるかというようなことに、多くの図書館が悩んでいるようです。

UHF帯のタグの特性

　UHF帯のICタグが現在大きな注目を集めているのは物流管理で、アメリカをはじめとして、世界的に導入されようとしているためです。そして、物流管理に導入されようとしているのは、この帯域のICタグの特性が物流分野で必要とされているものだからにほかなりません。その特性とは、ICタグを読み取れる距離が長い、移動中であっても読める、13.56MHz帯に比して速く読める、といったことです。コンテナに収納された商品に貼付されたICタグを、運搬車やベルトコンベアの動きを止めることなく読み取っていくには、このような性質が必須です。

　こうしたUHF帯のICタグの性質は、物流分野では代替しにくいものですが、これをもって図書館での使用においても圧倒的に優れた性能を発揮するのだと考えてしまうと、それは現実的ではありません。

図書館タグとしては

　図書館での利用、少なくとも現行の図書館で考えているような利用法であれば、必ずしもUHF帯のICタグが優位性を発揮できるとも限らないのです。例えば、距離について見てみましょう。13.56MHz帯のICタグでも、現在50cmほどの距離を置いて読み取ることが可能です。ということは、両側にアンテナを設置すれば、間隔1mのゲートを設置できるということです。通常、現行のBDS装置のゲートでもこれ以上の広さで設置されていることはありません。また、貸出・返却機の場合は、ほぼ接触に近い近傍処理ですから長い距離を飛ぶ能力は特に必要としません。つまり、このような使用法の範囲ではUHF帯の優位性は発揮できる余地がないのです。

　移動中のICタグを読める能力や速く読める能力も、現在の使い方ではゲートでの持ち出しチェックがその力を発揮する場面ですが、13.56MHz

▶ Chapter 3 図書館とICタグのこれから

帯のICタグでも現に実用性があり、原理的にも能力不足があるとは考えられていません。

逆にUHF帯のICタグを図書館で使用する場合に不利な性質として、次の2点が指摘されています。1つは13.56MHz帯のICタグに比して水分に弱いことです。人間の体はほとんど水分ですので、このことはゲートでの読み取りにくさとして現われます。(この不利は水分という観点から見た場合です。移動体読み取りや速度の点では、ゲートでの読み取りでも13.56MHz帯タグより有利とみなされていることをお忘れなく。)

もう1つは、安定した読み取りです。UHF帯のICタグは電波で情報のやり取りをします。電波は、壁、床、机、人体等の反射によって読み取り精度に影響を及ぼされますので、それだけ現場での調整が難しいと言われています。13.56MHz帯のICタグは磁場の変化をさぐる方式ですので、電波に比べ安定して読み取れるという特性を持っています。

UHF帯のICタグはようやく緒についたばかりですので、その性能面はまったく不明です。これまでの実験結果や理論的な性質から、図書館での使用に耐えないといったような事態は考えられませんが、13.56MHz帯のICタグを圧倒するというような事態もまた考えられません。

13.56MHz帯のICタグも導入当初の時期に比べ、さまざまな点で改良が進んでいます。当初、金属には使用が困難と言われながら、今ではCD/DVDに貼付して管理している図書館もありますし、このような大きさでは表紙の必要な情報を覆い隠してしまうと言われていた点でも、バーコードと大差ない大きさのICタグも出てきています。

UHF帯のICタグは、結果として示される性能に占める調整の影響割合が13.56MHz帯のICタグ以上に大きいので、性能面での評価が定まるには何年かを要するものと思われます。

Generation-2

　ICタグの普及を左右する大きな要因として、価格、標準化、プライバシー保護などが挙げられていますが、このうち、標準化には、商品コードの統一と通信規約統一の2つの標準化が必要です。通信規約については、2004年12月の「UHF Generation-2」(Gen-2) 規格のEPCグローバルでの採択で大きな前進を見たと評価され、この規格に則って作成されたICタグや機器には、国際的かつ大きな需要が約束されているとも評価されています。

価格の動向が鍵

　図書館においても、特に既設の大規模館ではICタグ自体の価格的な負担は大きなものになります。UHF帯のICタグが13.56MHz帯のものに比較して大幅に廉価であれば、図書館への導入にも大きな影響力をもつことになります。ただし、チップ自体は量産の規模により廉価になりますが、ラベル形状への成形等には跳ね返りませんので、仮にチップが半額になってもICタグが半額になるわけではないことには注意する必要があります。

　いずれにしても、性能面の評価だけではなく、価格動向もしばらくたたないと判明しないでしょう。国際物流での大量使用によるICタグ価格や機器価格の低落などで、UHF帯のICタグが主流になるか、分野による住み分けで13.56MHz帯が図書館における主流のICタグであり続けるかについては、今後数年を経てみないと結論が出ないであろうということは、この本の筆者たちの間で一致した見解です。

図書館の位置付けは？

出版タグと図書館タグ

　図書館は出版界に深くかかわりを持っていますが、そこからはみ出る性格も持っています。所蔵する資料が単に出版物だけではない、という意味でもそうですが、ICタグの採用についての観点から見るときは、同一資料の流通が繰り返し行われるという点が重要です。

　このため、例えば耐久性のように出版タグとは異なる部分を重視するなど、図書館タグの性格が出版タグとは異なってくることは、先に述べました。しかしながら、同一資料の流通が繰り返し行われるということの最も重要な点は、コスト的にICタグを採用しやすくなるということです。

　出版界がめざしているICタグは世界物流における標準的なものです。このようなICタグを志向するのは、性能面を評価してという側面ももちろんですが、最大の選択要素はコスト的にきわめて安いICタグになる可能性があることによります。1冊400円のコミックに100円のICタグを貼ることなどありえません。

　物流の世界でも、一旦貼付したICタグを回収して再利用したり、コンテナのような梱包単位に貼付することで繰り返し利用し、現時点でのコストと折り合いをつけている例は多くあります。

　図書館の有利な点は、このような再利用を再貼付もなしで、かつ個品単位で実現できることです。貸出回数50回という図書であれば、回収タグの50回の再利用と比較できるような活用です。このため、出版界で1回限りの流通に貼付するICタグより高価なものを貼付することが可能になります。

2005年夏の日本におけるUHF帯のICタグ

この原稿を書いているのは2005年夏ですが、この時点でUHF帯のICタグを使用している図書館はありません。実験以外の用途では、図書館だけでなく、どのような産業においても使用事例はありません。日本においてUHF帯の電波をICタグ用途に発信することができるようになったのは、2005年4月5日の総務省令改正以後です。

今後、日本国内でも世界物流をにらんだ952MHz～954MHz帯の開放により、UHF帯のICタグや対応する機器が発売されていくことと想定されていますが、2005年秋ごろから出始め、ある程度出揃うのも2006年と見られています。特に図書館対応製品はUHF帯のICタグの主要な用途ではありませんので、図書館に特化した製品が出てくるのはさらに時間をおいてのことになるでしょう。もっとも、図書館のICタグ導入の実績と実験的投与に適度な規模とを評価して、思ったより早く市場に出てくるという意見もないわけではありません。

先進事例として列挙

このため、現時点で図書館界に導入されているICタグはほとんど13.56MHz帯のものですが、ICタグの利用という点では、図書館は間違いなく先進業界です。ICタグを紹介した書籍や記事などで、回転寿司の精算や愛知万博の入場券、suicaなどと並んで代表的な事例として紹介されることが多くなっています。例えば、電子商取引推進協議会と日本情報処理開発協会共催のフォーラム（2004年3月）の基調講演で経済産業省の課長が、冒頭、日本はICタグの先進国であるとして、導入事例を挙げています。図書館は回転寿司、宅配便、病院、アパレルと並んで項目にのぼり、この中で最も長く紹介されています（千葉県富里市立図書館の事例のようです）。

▶ Chapter 3 図書館と IC タグのこれから

三越の婦人靴の記事

2005年4月には、三越百貨店と阪急百貨店が婦人靴に IC タグを装着して在庫管理を行うという記事が、いくつかの新聞や雑誌で報道されました。店頭端末の上に展示靴を置くと色やサイズの情報が表示され、在庫状況がわかるというものです。両店は、百貨店としての声望ももちろんですが、「電子タグ実証実験事業」に参画しており、「実験から実践に」という点が、報道すべき記事として評価されたポイントだと思われます。

このような記事での IC タグ利用と比較すると、図書館では技術的に IC タグの利点をより引き出した利用を行っています。

IC タグがバーコードに比べ優れている点は、非接触での読み取り、移動体の読み取り、同時複数の読み取り、データの書き換えなどですが、図書館で貸出を行う際には、複数の図書を同時に読み取っていますし、そこで貸出手続き済みのデータ書き込みを行っています。借り受けた人がセキュリティゲートを通り抜ける際には、移動中の IC タグの内容を非接触で読み取り、貸出手続きが完了しているか否かを判断しています。

図書館界での導入の歴史

1998年9月に稼働した岡山県玉野市にある加計学園玉野総合医療専門学校の IC タグシステムが、日本で最初の図書館での導入例とされています。これはギガヘルツ帯の IC タグを用いたものでしたが、後に 13.56MHz 帯の IC タグに貼り直されました。

公共図書館では 2001年5月、宮崎県北方町の図書館が最も早く導入しました。その後、2002年9月の総務省令改正により、最大 60cm の通信距離に飛ばすことが可能となり、図書館導入に弾みがつきました。

2003年3月に開館した千葉県富里市立図書館、2004年4月茨城県笠間市立図書館といったICタグの図書館導入についての情報発信を積極的に行っている館への導入により、公共図書館界にICタグ導入の機運が高まっています。

大学図書館では、九州大学附属図書館での実験をかねた導入が有名です（本書でも事例として取り上げています）が、これは2002年7月に導入されています。その後、奈良先端科学技術大学院大学や武蔵工業大学など、全体で数館が、2005年夏段階で導入している図書館です。専門図書館では、事例に収録したアド・ミュージアム東京広告図書館が2002年末に導入したのが初めです。

図書館界での導入状況

2005年夏の段階で50館くらいの図書館がICタグを導入していると思われますが、このうち40館程度は公共図書館です。

公共図書館での導入が進んでいる理由として、次のような要素が考えられます。

他の館種に比べ継続的に新規施設の建設があり、新設に際しての導入が行われていること、この場合、ICタグの導入を行わないとするとタトルテープを利用したBDS装置によるゲート管理を行うことが多いので、そのコストとの見合いで、まだ高価なICタグでも導入しやすくなります。また、ICタグの寿命がまだ明らかではない状況で、大学図書館のように超長期にわたる保存を行う施設では導入をためらうのに対して、ある期間で資料の新陳代謝を行っている第一線公共図書館の場合、比較的導入しやすいこともあります。さらに、貸出が業務の中心にあり、ICタグ導入の効果が最も見込まれるカウンタ業務の合理化に直結するという面も、今後重視されていく要素でしょう。

▶ Chapter 3　図書館と IC タグのこれから

今後導入しそうな図書館

　IC タグの価格が高価であること（電子部品の常として時間の経過につれて安価になると想定できます）、長期安定利用が可能か必ずしも明らかでないことなど、早期導入を躊躇する要素はもちろんあります。特に大学図書館をはじめとする、すでにバーコード＋タトルテープシステムで管理の仕組みが完成しているし、また長期の保存に対応できなければならない、といった条件にある調査研究図書館では、ただちに導入を検討するというより、進展状況を見るという対応になるでしょう。しかしながら、公共図書館の小規模館や新設館での導入はかなりの数にのぼることは間違いありません。新設館の場合、ほとんどすべての館が、少なくとも検討はしている、と言っても過言ではない状況のようです。また、一部の資料に限定して装着するとか、タトルテープシステム導入の対案として検討するなどの事例も、今後数年でかなりの館数にのぼることが想定できます。さらには、大規模公共図書館での貸出・返却の省力効果を評価しての導入といった事態も、現在検討中と伝わってくる自治体を見ていると、確実に現実化するものと思われます。

図書館への導入で不安な点は？

プライバシー保護について

　図書館で IC タグを導入する際の不安点はいくつもありますが、プライバシー保護は最も重要なポイントです。

　米国の消費者団体 CASPIAN（Consumers Against Supermarket Privacy Invasion and Numbering）は、2003年3月にイタリアの服飾メーカ、ベネトン社が電子タグの大規模な実証実験を発表したことに対し

て、同社への不買運動を提起しました。これに対してベネトン社は実験中止を発表しています。同じく、安全かみそりで有名な米国のジレット社も、英国の大規模小売業者テスコで行っていたICタグ実験に対してCASPIANによる不買運動を開始され、ただちに販売時点でICタグを無効にすることを発表しました。

　CASPIANをはじめとする消費者団体や人権団体がICタグを問題視するのは、個品への装着（アイテム・レベル・タギング）が消費者の行動追跡に使われる懸念を払拭できないからです。CASPIANは、"Position Statement on the Use of RFID on Consumer Products"（http://www.spychips.com/jointrfid_position_paper.html）というガイドラインの中で、公開性、目的の明確化、収集の限定など、OECDの8原則（http://www.oecd.org/document/51/0,2340,en_2649_201185_1824435_1_1_1_1,00.html）に基づいた指針を提案しています。

EPC グローバルの姿勢

　一方、ICタグを推進する側もプライバシー問題に対応する必要性は十分認識しています。日経BP社によれば（http://itpro.nikkeibp.co.jp/free/NC/NEWS/20050701/163818/ [2005.07.24]）、EPCグローバルは、『日経コンピュータ』誌のインタビューに対して「今後1年間は消費者の誤解を解くのに全力を尽くしたい。そのための予算も確保した」とプライバシー問題を重視する姿勢をみせているそうです。EPCグローバルは、ICタグを利用する事業者が守るべき原則として、"Guidelines on EPC for Consumer Products"（http://www.epcglobalinc.org/public_policy_guidelines.html）の中で、次の4点をあげています。「店頭で消費者にICタグの存在を知らせること（Consumer notice）、ICタグを利用しない選択肢を与えること（Consumer choice）、正しい知識

を与えること (Consumer education)、そしてデータ保全 (Record use, Retention and security)」。

プライバシー保護ガイドライン

2004年6月に、経済産業省と総務省は共同で「電子タグ(ICタグ)に関するプライバシー保護ガイドライン」(http://www.soumu.go.jp/s-news/2004/pdf/040608_4_b.pdf) を公表しました。両省は各々、この年の3月にICタグ関連のプライバシー・ガイドラインを発表していますので、それぞれの改訂統合版といったところでしょうか。内容はICタグを設置する者が遵守すべき事項の規定で、重要なポイントが3点あります。

1点目は、当該物品にICタグを装着していることを表示する必要があることです。これには装着の事実だけでなく、装着箇所、収録されている情報等をあらかじめ掲示するなどして消費者に認識させる必要性をうたっています。

2点目は、ICタグを読み取らせるか否かは消費者が選択するということです。消費者がICタグを読み取らせない選択をした場合に実際に取りうる方法についての例示があります。それによると、①アルミ箔で覆う、②ICタグの情報を消去する、③ICタグを取り外す、の3法が示されています。ICタグ読み取りの選択権に関しては、さらに、読み取りできないようにした場合の不利益(その人個人の不利益のみならず、社会的不利益も含む)についての情報を提供するように努めなければならないとしています。

3点目は、ICタグ自体に直接個人情報が収録されていない場合でも、情報システムとの容易な連携で特定個人を識別できる場合は、ICタグ内の情報も個人情報保護法上の個人情報として扱われるということで

す。ICカード方式の貸出券を発行しており、それには利用者番号しか収録されていない場合でも、そのカードは個人情報として扱わなければなりません。通常、利用者番号を得ても、個人識別情報は図書館システムに侵入しなければ入手することはできませんが、その番号から別のプライバシー情報が得られるような場合、自治体内でのその他の情報処理と共用する番号であるときなどは、より安全策に配慮することが必要でしょう。

図書館のプライバシー保護

　図書館資料の場合、ICタグを取り外したり機能を殺したりという方法でプライバシー保護をする対処はありえません。また、図書館資料は利用者の読書傾向から、思想、疾患、法的問題などへと結びつけて解釈されることもある点で、通常の商品以上にプライバシーの保護には十分な配慮が必要です。

　暗号化の機能を持つICタグもありますが、自動車のキーのような高価な用途に用いられており、図書館で使用するような安価なチップにはあまり例がないようです。安価なチップでも、アクセスに対するパスワードを設定できるものはあります。また、部外者による内容の書き換えを防ぐために書き込んだ内容に対してロックをかけられるものもあります。ロックにも、解除できるロックと永久的なロックがあり、後者は外部からの書き換えに対応する上では望ましいのですが、図書館で内容を書き換えたい事態が生じたときにも対処できなくなりますから、使用できるチップである場合でも、どう使うかの検討が必要です。

　最も重要なことはICタグ内にどのような情報を持たせるかです。ICタグ内に利用者と結びつけてもプライバシー情報となりにくい情報しかない場合と、そうでない場合とでは保護レベルが変わるのは当然です。

▶ Chapter 3 図書館とICタグのこれから

収録する情報内容を保護する方法と組み合わせて、導入する図書館が考慮する必要があります。

ICタグの寿命

　導入を検討している図書館からはICタグはどの程度の期間使用できるものであるか、すなわちその寿命について心配する声がよく聞かれます。ICタグの寿命を語るのは非常に難しいことです。難しいというのには、いくつか理由がありますが、最大のポイントは、まだ観察ができないということに尽きます。通常、寿命というのは多くの個体を観察して平均的な存続時間をみることですが、図書館で使用されるようなICタグの場合、導入されてからの期間が短すぎるため、言ってみれば若者（もしくは子ども？）しか存在していない群れであるためです。

　したがって、加速試験などで得られた推定値で語られることになりますが、これも多くの要素が絡み合っており、単純に寿命として統合することは困難です。前述しましたが、ICタグは、基本的にICチップとアンテナで構成されていますから、まずチップについて見てみましょう。

　図書館で使用されているものの場合、データの書き換え回数で10万回、常温でのデータ保持期間で10年といった程度の仕様で示されるものが多いですが、10年以上はデータを保持できないかといえば、保証期間は内輪に見積もるのが当然ですから、関係者はそう考えていません。また、過去の非接触ICチップを使っているケースから想定すると、経年変化によるチップ破損が少しずつ増えていく、と想定されますが、10年経過してすべて駄目になるわけではありません。

　では、この10年なりの範囲であれば確実に使用できるのかというと、そうとも言い切れません。チップメーカの想定外の環境で使用された場合、使用できる期間が短くなることも当然あります。電気的な機構を持

つものですから、空気や水分にふれることによる錆などの影響を受けざるを得ません。したがって、ICチップ自体だけではなく、どのような外装で包み込まれているかによって、その寿命は左右されるものです。長期にわたり完全に外気から遮断されているような外装であれば、寿命的には有利です。

次に、アンテナ部分についてですが、文庫本や雑誌等ソフトカバーの本を、利用者が折り曲げて、アンテナ部分が断線もしくは接触不良になるケースがあります。また、利用者カードをICチップ化した場合、ポケット等に入れたままで車を運転した時など、アンテナがねじれて読めなくなる場合もあります。本の利用にあたっての注意事項として利用者に伝えることが必要でしょう。このように、ICチップやアンテナを包む外装が寿命に影響を及ぼしますが、より優れた外装はICタグのコストとして跳ね返ります。

なお、返却ポストについてですが、ポストに返された衝撃でICチップが破損したり、アンテナが断線したりするケースはほとんどないということを、複数のベンダが社内試験結果を元に述べていますので、それほど心配する必要はないと思います。

使用対象によっては、上に書いたようなレベルの仕様さえ必要ないという場合もあります。公共図書館で提供されている雑誌類は数年で廃棄されるものもあり、この用途には書き換え回数で1万回、データ保持期間で5年といったICチップでも十分でしょう。逆に大学図書館でのように、ほぼ永久的に保存される資料の場合、保証期間が格段に延びないと導入に踏み切れないという判断もあって当然です。

公共図書館で最初にICタグを導入した大分県の北方町立図書館に、現在の状態を尋ねてみました。今のところ経年変化によると思われるICタグの破損や読み取りにくさの増加は、発生していないそうです。

もちろん同図書館でも、まだ導入後5年に達してはいないのですが。

　なお、今までに導入した図書館でのICタグ不良率を提供各ベンダに問い合わせてみたところ、おおむね1％以下と考えてよさそうです。メーカでは全品チェックした上で出荷していますが、初期不良については、原因が図書館や利用者にあることがはっきりしたものを除き、提供ベンダで保証しているケースがほとんどなので、問題は少ないかと思います。

健康への影響

　この問題については、総務省の「電波の医用機器等への影響に関する調査研究報告書」が公開されています（http://www.soumu.go.jp/s-news/2005/050811_2.html）。この調査はさまざまな電波機器がペースメーカーなどに与える影響を継続して調査しているものですが、2005年にはRFID機器の電波が及ぼす影響を報告しています。時宜を得たものですが、当然、UHF帯機器はまだ対象に入っていません。それ以外の周波数帯域については、135KHz以下、13.56MHz、300MHz、2.45GHzの機器を対象にテストを行っています。

　調査ではRFID機器をゲートタイプ、ハンディタイプ、据え置きタイプ、モジュールタイプの4種に分けて検討しています。図書館で導入する関係機器に当てはめると、セキュリティゲートはゲートタイプ、蔵書点検用機器はハンディタイプ、貸出管理機器は据え置きタイプに相当します。

　安全のための考え方として、この調査をもとに「各種電波利用機器の電波が植込み型医用機器へ及ぼす影響を防止するための指針」が同じサイトで示されています。それによると、ゲートの場合、ペースメーカーなどを使用している人は、ゲートでは立ち止まらずに通路の中央を真っ

直ぐに通過すること、ゲート機器に寄りかかったりしないことを指針としています。ハンディタイプほか3種の場合は、これらを医用機器の装着部位から22cm以内に近づけないこととなっており、携帯電話の場合の指針と同じです。

絶対的な優位性

　ある技術が他の技術に比べて、あらゆる面で優れているなどということは通常ありません。各々の長所、短所を見極めて総合的に判断することが大事です。また、より高い水準を追求することは大事ですが、完全性を求めることには意味はありません。問題なのは、業務上メリットを得られる水準であるか否かです。

　読み取り精度を例にあげます。貸出、返却の際には100％の処理が必要ですが、読み取り率が常に100％でなくとも補完的な方法は取れます。現在導入している図書館は、自動貸出機の場合でも利用者に冊数を入力してもらうなどして、読み取り冊数が合わない場合は再処理する方法で対処しています。蔵書点検の場合、読み抜けがあっても、これまでの不明本の規模程度のものであれば不明本さがしの過程で吸収できます。セキュリティゲートについては、書名を提示できる、誤動作がないなど、タトルテープを利用したBDSに比して利点が語られていますが、不利な点もあります。タトルテープを利用するシステムではテープの存在を秘匿できますが、ICタグはプライバシー上の要請でどこに貼付しているかを示さなければなりませんので、仮に格段の小型化ができたとしても、意図的な持ち出しに対応する能力は従来のBDSよりも低いと考えられます。捕捉率100％にこだわっても意味がありません。

▶ Chapter 3　図書館と IC タグのこれから

図書館共通識別コード

図書館での資料の個体管理

　図書館では所蔵資料の個体管理を行っています。図書館員にとっては当たり前のことですが、社会一般では備品ならともかく消耗品まで個々に管理することは普通にはないことです。こうした図書館での個体管理はコンピュータシステムで行う時代になって以来、ほとんどの図書館がバーコードを使って行っています。

　このバーコードは通常 10 桁程度の数字からなっていることが多いですが、図書館システムを開発しているメーカにたずねると、システムによっては 16 桁などといった例もあるようです。このような桁数の場合、桁ごとに意味づけしている場合や、単一の自治体、単一の機関を超えた範囲で通用するコードとなっている場合もあります。

　バーコードの桁数に意味を持たせ、1 桁目は所蔵している図書館を示し、2 桁目は資料の種別を示している、などといった構成をとると、人間が見る場合には便利ですが、コンピュータで処理する限り、メリットよりは制限と感じる場合が多くなります。このため、次第に、意味を持たせない単なる連番にするシステムが多くなっています。

　単一の機関を超えた範囲で通用するコードとして、複数の自治体などで単一のコンピュータシステムを使用している場合もあるでしょうが、あらかじめ意図して、将来単一のシステムを超えた場合にも識別可能なように、例えば、個別のシステムで必要な ID の前に自治体コードを付け加えているといったような例もあります。

　すでに見てきたように、UHF 帯の IC タグは世界的に物流に使用される前提で考えられています。このために、識別コードがグローバルな規

模で通用すること、これによって呼び出されるコンピュータ内のデータがシステムを超えて共用できること、という考え方を示しています。出版タグもこれを受けて、出版物の個々の1冊1冊を個別化できるタグを想定しています。

　これまで図書館は、自治体内なり大学内なりの個別のコンピュータシステム内での識別が可能なコードしか考えてきませんでした。自治体を超えたシステムも存在しますが、そこで使用されているのも、そのシステム内での識別可能なコードでしかありません。上に挙げた自治体コードを付加している図書館は、このような状況の例外としておもしろい存在です。

個別化する識別コードのメリット

　どのような場面で、上の例のような図書館の配慮が真価を発揮するでしょうか。まず考えられるのは、自治体統合があった場合です。統合される自治体がすべて、このような考え方をあらかじめ取っていたなら、コンピュータシステム統合があっても、IDラベルの貼り替えという事態は発生しないはずです。

　自治体統合ではなくても、複数の自治体で図書館業務を管理するコンピュータシステムを共用したいという考え方も示されています。これは、あらかじめ複数の自治体が共同して、図書館業務のコンピュータ化を進めるというのではなく、すでにコンピュータ化している図書館の間で共用化によるコスト削減を考えようというものです。

　現在、他図書館から貸出を受けた図書を、さらに利用者に貸し出す際にも、自館のコンピュータシステムで管理を行う図書館は多いと思います。この場合、自館であらかじめ用意したIDラベルをブックカバーに貼付しておき、貸し出す際にはブックカバーなどをかぶせて貸出処理を

するなどの工夫を、各図書館がこらしています。この方法はなかなか効率的な方式ですので、このような方式を現在の到達点とすると、借りた図書を所蔵館のコードのまま（共通の識別コードを使用すればそうなります）貸し出せたとしても、現在よりもそれほど大きな省力化にはならないですが、日本全体の図書館における個別の資料管理がすでになされているので、図書館間貸出時に新たな処理は必要ない、という考え方は魅力的です。

　別の館に貸し出される資料の書誌データについても、異なるシステム間の連携をXMLなどの技法を用いて築いていくという、Global Data Synchronizationの考え方を応用できたら、おもしろいのではないでしょうか。

共通識別コードを考えるにあたって

　前記の「日本全体の図書館における個別の資料管理」は、出版タグの構想が実現し、図書館がそれをそのまま使用するなら、その時点で実現します。出版タグを持つ資料は、「タイトル＋個体コード」によって複本の1冊ずつが完全識別できるからです。

　しかしながら、図書館の場合、過去の蓄積は図書館を図書館たらしめている重要な要素です。出版タグに記述されるような個体コードは過去の出版物にさかのぼって、設定されるわけではありません。また、ISBNを持たない資料も、図書館には大量に所蔵されています。コスト効果を考えてバーコードのまま使用され続ける図書も多くあるはずです。こうした過去の蓄積も含めて、統一的に管理できるための項目構成を考慮する必要があります。

　このような図書館での共通の識別コードを、ここでは仮に「図書館共通識別コード」と呼んでおきますが、日本図書館協会はこのようなコー

ドの必要性を認識し、2005年9月に素案を作成しました。素案は、図書館界をはじめ、ICタグのベンダや図書館業務管理システムのベンダなどの関係者に向けて提案され、広く意見を求めています。

　出版の時点ですでにICタグを貼付する出版タグとは異なり、すでに図書館に所蔵されている資料について、タイトル別に連番を付与することは不可能ですので、既所蔵資料については別の個別化方式を考えざるを得ません。これまでの蔵書管理との整合性を考慮すると、各図書館で使用している現行のバーコード番号にその機関のコードを加えて、個別化をはかる方式が一番自然です。協会案は、原則的にこの考え方で考案されていますが、機関コードの管理を一括して行うことの困難さを考慮して、館種別にすでにある機関コードを活用することも前提に組み立てられています。

　このコードの桁数や使用記号など、実際の割付は、EPCグローバルのUHF Generation-2（Gen-2）規格のメモリマップやコードの構成を前提に考えられています。この理由は、出版界が採用するICタグになるであろうということももちろんですが、何より廉価ですので、容量も必要最低限しかないことが検討の前提です。

　Gen-2タグは、容量512ビット（64バイト）の大きさのもので、ユーザ領域として開放されるのは、おおむね128ビット程度と考えられますから、識別コードしか収録できない容量です。小さな容量ではありますが、識別コードのみを収録すると割り切ってしまえば、この大きさは十分なものです。

　識別コードはUHF帯のICタグだけで共通化すればよいものではなく、13.56MHzを使用するタグの場合も同じように設定できれば、コンピュータシステムでの扱いを共通化できるメリットがあります。現時点での13.56MHz帯のICタグは、提供各社の間でこうしたコードの構成

や収録位置の統一化はなされていません。現在のように、各図書館がバーコード代替と割り切り、他のシステムとの間に連携がない状態では、このことはむしろ利点でもあります。プライバシーの読み取りなどという問題も発生しにくい（同じシステムを使っている者がいないので）ですし、他システムでの誤動作も発生しにくい（読み取れないので）状況です。

　しかし、これらのシステムも標準的な基準にはしたがっているものです。複数の基準があったり、細かな相違があったり、というわけですが、ICタグ環境が成熟していくにつれ、こうした差異を埋める機器や技術も進展します。例えば、こうした相違を吸収するミドルウェアと呼ばれるプログラムや、複数の規格に対応するマルチプロトコルリーダなど、さまざまな開発が進められているようです。その結果、現時点では問題ないとしても、統一性がないことで将来問題が発生してくる可能性はあります。また、コンピュータシステムの側から見れば、ICタグのシステムごとにインターフェースを作り込むなどといった事態は避けたいものです。特に、一自治体や一大学内で、複数の仕様のICタグが並存していたり、バーコードからの漸次的交代でICタグとバーコードが並存している期間があったりする場合はなおさらです。

　現在13.56MHz帯で使用されているICチップのメモリ容量は、Gen-2タグと比べると、容量に余裕のあるものが多いので、共通識別コードの構成はGen-2規格で考えておけば、応用できないという事態は起こりません。これが、Gen-2規格を検討素材とした理由です。

共通識別コードの検討を

　日本図書館協会の図書館共通識別コードの提案は、2005年内を目途に図書館界や関連業界の意見を求めるとしています。この本を読者の皆

さんがご覧になっている時点でどのような事態になっているかは不明ですし、出版界の標準化ワーキンググループの検討もどのように進むか、現時点では明らかではありません。

　けれども、先に見たようにICタグは現在、日本の図書館の1％程度に採用された状態で、今後数年の間に、特に公共図書館への普及の時期を迎える可能性が高くなっています。したがって、こうした識別コードなど何らかの共通化をはかるのであれば、2005年、2006年は「今をおいてない」という時期にあたります。

　もちろん、当分の間、ICタグがもたらす個体識別が、図書館界全体に大きな変化を与えるという状況にはありませんが、基盤の普及は常に、その上に築かれている仕組みを変える力を持っているものです。こうしたICタグの潜在能力を開花させるための環境整備については、現段階からできる限り行うべきです。図書館ができることとして、図書館界あるいは出版関連業界で統一的な識別コード体系の設定に向けて努力することを、関係業界、関係ベンダ等とともに進めていきたいと思います。

おわりに

　1980年代から90年代にかけて、図書館に大きな影響を及ぼした技術はコンピュータでした。1990年代の終わりから現在にかけて、短い間で大きな影響を及ぼしているのはインターネットです。いずれも、これまでの図書館のあり方を大きく変えてきました。これから先の10年間にこうした影響を図書館に対して与えるのはICタグでしょう。その影響の一端は、本文中の「図書館とICタグの未来」として載せたコラムを見ても推し量ることができます。

　情報処理する際には、各々の個体が持っているさまざまな情報を一意に体現する識別子が必要になります。例えば、すべての個体をネットワークに接続しIPアドレスを与えたいといったような考え方も提案されています。こうした個体識別票の役割を担うには非力なバーコードに代わって、識別子を収録する媒体（キャリア）の役割は、今後ICタグに託されることになります。

　こうしてICタグは、長いスパンで見ればすべての図書館にとって情報基盤となるでしょうが、現時点では生まれたばかり（バーコードと同じ時期に生まれたそうですが）に等しい幼年期の長い技術です。このため、ふつうに導入すればその恩恵を享受できるといった、現在のコンピュータが図書館に対して至っているような段階には、まだまだ近づけそうもありません。

　さて、ではいつICタグを導入すべきかと迷っている図書館の方には、導入の旬はないと申し上げねばなりません。このことは、コンピュータが図書館に入ってきたときのことを考えれば、理解できると思います。

先進的に導入して成果をあげた図書館もあれば、ゆっくり熟成した段階まで待ってコスト効果をあげた図書館もあります。どの時期に導入するのが正解であったか考えてみても、多くの要素がありすぎて結論は出ないでしょう。この本の本文では、判断の材料をできるだけ示したつもりですので、自館の置かれた条件をゆっくり考えてみてください。

図書館とICタグに関する文献リスト

図書館一般

◇佐藤達生. 次世代型IC図書館システム. 専門図書館. Vol.6 no.6, No.198 p.1-8 (2001.11)

◇山崎榮三郎. 非接触ICチップを使ったIT図書館：特集2　図書館の管理運営方法. 生涯学習空間. Vol.6 no.6, No.31 p.42-45 (2001.11)

◇山崎榮三郎. ICチップを活用したIT図書館システムのご紹介. ViewPoint(online). 伊藤忠テクノサイエンス. No.2 http://www.ctc-g.co.jp/~caua/viewpoint/vol2 /08.pdf (2002.3) [2005.07.31]

◇山崎榮三郎. マルチ読取処理、90cmゲートで検知、配架状態のまま読取可能な図書館システム：自動化・効率化・セキュリティなどを実現するICチップシステム. マテリアルフロー. Vol.43 no.9, No.510 p.87-89 (2002.9)

◇山崎榮三郎. RFIDタグのIT図書館への応用. 情報の科学と技術. Vol.52 no.12, p.609-614 (2002.12)

◇南俊朗, 喜田拓也. RFIDタグを利用した自動化図書館への課題と夢. 文教施設. No.9, p.41-45 (2003.1)

◇南俊朗. ICタグによるライブラリ・オートメーションへのアプローチ. 九州情報大学研究論集. Vol.5 no.1, p.115-135 (2003.3)

◇藤崎清孝. 図書館におけるRFID技術の適用と電磁環境. EMC. Vol.16 no.3(No.183) p.86-94 (2003.7)

◇山崎榮三郎. ユビキタスで変わる図書館：無線ICチップの図書館での応用. 情報管理. Vol.46 no.5, p.292-302 (2003.8)

◇喜田拓也, 南俊朗, 藤崎清孝. RFIDによる図書館運用：図書館の電子化・自動化に向けて http://www.lib.kyushu-u.ac.jp/annai/RFID H15.pdf [2005.07.18]

◇植松貞夫．RFID 技術と図書館（再）：図書館建築考現学その 34．Better Storage．No.164, p.4-7 (2004.11)

◇南俊朗, 池田大輔, 喜田拓也．RFID 技術を用いた図書館自動化への期待．情報処理学会研究報告．No.119, p.7-22 (2004.11)

◇辻雅寛．図書館システムにおける RFID 技術の適用．INTEC Technical Journal （http://www.intec.co.jp/itj/）（4)(2005.1) [2005.8.1)

◇山崎榮三郎．"ユビキタスネットワーク時代の図書館 IC タグ導入に際しての検討事項の概要"．地域再生拠点としての図書館．高度映像情報センター．2005.3, p.59-66

◇日本出版インフラセンター．"9.4 図書館業務への電子タグ適用における機能要件"．出版業界における電子タグ実証実験に関する調査報告書．日本出版インフラセンター．2005.3, p.198-203

◇北克一, 村上泰子．ネットワーク環境下のセキュリティ，プライバシー，図書館サービス：無線 IC（RFID）タグの論理形式を中心に．図書館界．Vol.57 no.2, No.323 (2005.7)

公共図書館

笠間市立図書館（茨城県）

◇笠間市立図書館．IC タグの限界に挑戦、困難な CD/DVD 管理に成功．日経システム構築．No.137, p.110-113 (2004.9)

ゆうき図書館（茨城県結城市）

◇笹沼崇．公共図書館の新たな情報サービス：結城市の事例．情報の科学と技術．Vol.54 no.1, p.50-55 (2004.1)

◇土本潤．公共図書館の新しい息吹：IC タグ・自動書庫など不明本をなくす技術の可能性を追って．構造改革下の公共図書館．高度映像情報センター．p.78-83, 2004.3

富里市立図書館（千葉県）

◇富里市立図書館．富里市における「次世代型 IC 図書館システム」につい

て．LASDEC. Vol.33 no.3, No.384 p.12-16 (2003.3)

◇高橋正名．IC チップと図書館サービス－富里市立図書館の現場より．変革期の公共図書館．高度映像情報センター．p.46-49 (2003.3)

◇高橋正名．IC タグによる図書館管理システム．みんなの図書館．No.320 p.13-24 (2003.12)

◇高橋正名．非接触型無線 IC タグ（RFID）の導入効果とこれからの課題について．現代の図書館．Vol.42 no.1, No.169 p.39-44 (2004.3)

奈良市立北部図書館（奈良県）

◇林勝之．業務の効率化とサービス向上を実現－小規模図書館の IC タグと自動化書庫の導入．地域再生拠点としての図書館．高度映像情報センター．p.38-42 (2005.3)

斐川町立図書館（島根県）

◇富士通．導入事例島根県斐川町立図書館様．http://jp.fujitsu.com/featurestory/2004/0519hikawa/ (2004.5.9) [2005.7.31]

◇奥野吉宏．IC タグによる図書館蔵書管理システムの導入とその検証－斐川町立図書館．http://lib.town.hikawa.shimane.jp/enkaku/fujitsu-family.pdf (2005.5) [2005.9.11]

◇三木康寿．図書館における IC タグの導入のメリットとデメリットの一考察．図書館雑誌．Vol. 99 no.7 No.980, p.464-465 (2005.7)

北方町立図書館（宮崎県）

◇山崎榮三郎．RFID を活用した IT 図書館システム：宮崎県北方町立図書館等導入例．EMC. Vol.16 no.10, No.190 p.86-94 (2004.2)

大学図書館

九州大学附属図書館

◇南俊朗．IC タグによるライブラリ・オートメーションへのアプローチ．

九州情報大学研究論集．Vol.5 no.1, p.115-135 (2003.3)

◇服部綾乃，喜田拓也．RFID がもたらす図書館の未来像－九州大学附属図書館における RFID システム導入の知見．東海情報通信懇談会会報．No.68 (2003.10)

◇南俊朗．九州大学附属図書館における RFID 実証実験の試み．http://www.slrc.kyushu-u.ac.jp/japanese/information/workshop/workshop07.pdf (2004.7.9) [2005.07.22]

専門図書館

アド・ミュージアム東京

◇後藤究．書籍密集地帯 99% の RFID 読取り率で 3 名・3 か月の蔵書点検が 1 名・1 日で完結．マテリアルフロー．Vol.46 no.2, No.539 p.63-67 (2005.2)

◇粟屋久子．IC ラベルを利用した図書館運営：特集：図書館の運営．専門図書館．No.208 p.28-32 (2004.11)

外国の図書館

ウィーン市立図書館

◇菊田一郎．図書館における RFID 導入例と実用技術検証の現場を探る．マテリアルフロー．Vol.45 no.8, No.533 p.105-112 (2004.8)

索引 INDEX

【あ行】

ISO → 国際標準化機構
ISBN　83，89，93
ICタグ
　－記録項目　54，69
　－故障　47，60，70，73，108
　－CD/DVD用　8，56
　－寿命　31，107
　－13.56MHz　18，96，97
　－2.45GHz　19，20
　－ビデオテープ用　8，57
　－不良率　109
　－UHF帯　96，100
ICタグ研究委員会　90，94
アクティブタグ　6
RFタグ　5
アンテナ　15，108
EAN規格　82
EANコード　83
e-Japan戦略　21
EPCグローバル　84，93，104，114
インレット　13
Auto-IDラボ　84，95

【か行】

CASPIAN　103，104
Global Data Synchronization　83-84，113
経済産業省　28，85，92，94
国際標準化機構　22
古書店　86，91，92

個体管理　111
個体識別コード　93

【さ行】

GS1　82
自治体統合　112
自動貸出機　23，60，64，70
自動返却　64
JANコード　82，84
周波数　14
書架　16，31，78
書店　86，90，92
水分　16，31，97
セキュリティゲート　38，47，72，109
蔵書点検　24，38，39，46，66
総務省　21，92，94
ソースタギング　88，94

【た行】

電子商取引推進協議会　95
「電子タグ実証実験事業」　86，88，101
電磁波　17
電磁誘導方式　18
電波方式　19
図書館共通識別コード　113
図書館ワーキンググループ　90

【な行】

二次元バーコード　9，81
日本出版インフラセンター　88
日本図書コード管理センター　89

【は行】

バーコード 9, 42, 82
パッシブタグ 6
BDS 76, 96, 102, 110
「響プロジェクト」 28, 85
標準化 98
不正持ち出し防止 76, 77
プライバシー保護 103, 105, 106
ペースメーカー 47, 109

【ま行】

μチップ 13, 20

【や行】

UHF Generation-2 85, 98, 114
UHF帯 14
UPC 82
予約 46

【ら行】

リーダ／ライタ 6, 11, 12, 15, 18, 19, 31, 32, 36, 40
流通システム開発センター 84, 95
利用者カード 55

● **執筆者紹介**（五十音順）

清水　　隆（しみず　たかし）　笠間市立図書館
竹内比呂也（たけうち　ひろや）　千葉大学文学部
山崎榮三郎（やまざき　えいざぶろう）　㈱内田洋行営業本部
吉田　直樹（よしだ　なおき）　東京都立中央図書館

視覚障害者その他活字のままではこの本を利用できない人のために，日本図書館協会及び著者に届け出る事を条件に音声訳（録音図書）及び拡大写本，電子図書（パソコンなど利用して読む図書）の製作を認めます。但し，営利を目的とする場合は除きます。

EYE LOVE EYE

図書館と IC タグ

定価：本体 1300 円（税別）

2005 年 10 月 20 日　初版第 1 刷発行 ©

著　者　清水隆、竹内比呂也、山崎榮三郎、吉田直樹
発行者　社団法人　日本図書館協会
　　　　〒104-0033　東京都中央区新川 1-11-14
　　　　Tel 03-3523-0811 ㈹
　　　　Fax 03-3523-0841

装丁・デザイン　小澤 陽子
印 刷 所　㈱ワープ

JLA 200531　　　　　　　　　　　　　　Printed in Japan
ISBN 4-8204-0519-5
本文用紙は中性紙を使用しています。